Disciplinando NA GRAÇA

Vol. 1

A TEOLOGIA DA EDUCAÇÃO NÃO VIOLENTA

TAÍS ANTEZANA PACHECO

Cidade do México

2020

SHALOM
POMPOM

Copyright © 2020, Tais Antezana Pacheco

Ilustrações: Fer Peralta
Foto do Autor: Hermes Quetzalcoatl

ISBN: 978-1-956940-03-9

Os textos das referências bíblicas foram extraídos de múltiplas versões da página https://www.bible.com/

Todos os direitos reservados e protegidos pela Lei 9.610, de 19/02/1998. É expressamente proibida a reprodução total o parcial desta obra, sua incorporação a um sistema informático, ou sua transmissão em qualquer forma e por qualquer meio (eletrônico, mecânico, fotográfico, gravação e outros) sem prévia autorização, por escrito, do titular do direito reservado. A infração de dito direito pode constituir um delito contra a propriedade intelectual.

Para comentários sobre a edição e o conteúdo deste livro, dirija-se a info@shalompompom.com ou às redes sociais do autor:

FB: /shalom.pompom
IG: @shalom.pompom_br

Sumário

Dedicatória v

Prefácio vii

Breve introdução ao método Shalom Pompom 1

Não tão breve apresentação da autora 5

O que é o amor? 11

O que é a ciência? 29

Castigo 43

Crianças 71

Obediência 99

Recompensas 127

Rótulos 145

Não! 159

Inteligência Emocional / Sabedoria 175

A Vara 201

Epílogo 231

Dedicatória

Dedico este livro primeiro a Deus, pela Sua instrução diária desde que iniciei o projeto *Shalom Pompom*. O ano de 2020 foi muito atípico devido à pandemia, mas consegui ver Sua mão em cada minuto que vivemos esta situação mundial.

Também dedico o livro ao meu esposo Dennis, quem trabalha arduamente para que nunca nos falte nada, permitindo-me ter tempo livre para entregar-me a esta obra.

À minha mãe Gisella, quem investiu todas suas forças para criar seus 5 filhos e que, por casualidade, ficou quase o ano todo conosco no México, dando-nos carinho e ajudando-nos muito com os afazeres de casa, junto com meu padrasto Hélio, quem cozinhou deliciosamente todos os dias em que esteve aqui.

Ao meu pai Remy, por ter me incentivado desde o início a seguir com o projeto.

À Maria de la Luz, babá da minha filha, quem, com muita dedicação, se ocupa de brincar com ela nos momentos em que escrevo ou faço vídeos.

À psicóloga Fernanda Perim, quem foi o primeiro contato que tive com o tema da educação infantil respeitosa, despertando-me essa paixão avassaladora pelo assunto.

Para concluir, à minha amada filha Sarah, que é a razão pela qual eu mergulhei no estudo para a criação do método de disciplinar na Graça, e é por quem me esforço dia a dia para tentar me apresentar emocionalmente melhor, almejando ser uma referência do amor de Deus para ela, crendo que isto também a ajudará a querer ser um reflexo de Jesus para as próximas gerações.

Post Scriptum: Acrescento um agradecimento especial a Richard Sabogal, último revisor externo em espanhol, e Fernando Peralta, ilustrador, por todo o apoio que me deram para que, após tanta luta, a publicação deste livro finalmente se tornasse realidade. Deus os abençoe!

Prefácio

Deixei a reflexão sobre Provérbios 23:13 para o final, pois gostaria que o nosso entendimento avançasse passo a passo, que as vendas dos nossos olhos caíssem uma a uma, de tal forma que, ao chegar nesse último capítulo, a explicação de dito provérbio seja tão óbvia quanto desnecessária. Mas, se para você, leitor, entender esse versículo é altamente primordial, se você tem pressa em saber o que este livro conta sobre essa passagem, então vá primeiro ao último capítulo, mas, por favor, volte a este ponto e leia o livro desde o início para ter uma visão completa do que Jesus nos ensinou através de Sua disciplina.

Este livro apresenta versículos de diferentes versões da Bíblia, sendo elas: Almeida Revista e Corrigida (ARC), Almeida Revista e Atualizada (ARA), Nova Almeida Atualizada (NAA) e Nova Versão Internacional (NVI); e foram transcritos da página https://www.bible.com, então, se você notar alguma diferença entre as palavras aqui lidas, comparadas com a Bíblia que você tem em mãos, aconselho-lhe ir até a página mencionada e procurar a versão correspondente para que não fique com nenhuma dúvida. A paz e boa leitura!

Breve introdução ao método Shalom Pompom

O conceito de *inteligência emocional* foi construído por diferentes cientistas e pensadores ao longo da história, mas o termo em si é atribuído a Wayne Payne e a Peter Salovey. Anos mais tarde, John D. Mayer e Daniel Goleman também ficaram conhecidos por trabalhar este tema, tendo este último escrito o livro mais conhecido atualmente sobre inteligência emocional.

Além disso, a primeira vez que se ouviu falar em disciplina positiva, assim com esse nome, foi em 1980 através de Jane Nelsen e Lynn Lott. Elas se basearam na teoria de modelo parental de Alfred Adler e Rudolf Dreikurs, de 1920.

Por outro lado, os *neurônios-espelho* foram descobertos pelo grupo liderado pelo neurobiólogo Giacomo Rizzolatti enquanto eles observavam o comportamento de macacos Rhesus.

Já a teoria do cérebro trino foi elaborada em 1970, pelo neurocientista Paul MacLean, como uma forma de explicar a evolução do cérebro animal e humano. Na atualidade, esta teoria está em desuso pelos neurologistas por ser considerada muito simplista, mas, inspirada pelo trabalho da psicóloga brasileira Fernanda Perim, utilizo uma nomenclatura similar ao do cérebro trino para explicar as fases de desenvolvimento da primeira infância, sendo elas: *primitiva, egoísta e empática*.

Outra vertente teórica é o método Montessori, que promove autonomia, liberdade com limites, e respeito pelo desenvolvimento natural das habilidades físicas, sociais e psicológicas da criança. É o resultado de pesquisas científicas e empíricas desenvolvidas pela médica e pedagoga Maria Montessori.

Os acima citados são exemplos de conceitos, teorias e estudos científicos nos quais podemos observar nitidamente o derramar da sabedoria de Deus. Todas essas pessoas, ainda que talvez não tenham percebido, foram instrumento Dele para a formação do método de educação não-violenta que, de fato, como demonstro em toda a extensão deste livro, foi apresentado por Jesus. Elas foram importantíssimas para que essa visão de educação dos filhos se concretizasse livre de medos, para *justos e injustos*.

Nas últimas décadas, milhares de pessoas já foram educadas de maneira respeitosa, com base em comprovações científicas e comportamentais, sendo o testemunho vivo de pais e filhos que vivem uma relação plena e fazem da jornada de educar um ser humano uma história de amor, correção, firmeza, disciplina e respeito.

Assim, o *método Shalom Pompom para disciplinar os filhos na Graça* é baseado nos estudos que mencionei, mas, acima de tudo, baseia-se na Bíblia e é o chamado de Deus para que as igrejas deste século despertem sobre o ensinamento que estão passando para os pais cristãos, e para que os pais cristãos deste século despertem a respeito do ensinamento que estão passando aos seus filhos, o qual muitas vezes se distancia do raciocínio perfeito de Deus, do culto racional, do chamado para a construção e restauração, do amor ao próximo e da empatia.

Não tão breve apresentação da autora

Sou brasileira. Nasci e morei no Brasil por 26 anos. Moro no México desde 2014, sou filha de bolivianos, esposa de um alemão e mãe de uma mexicana-brasileira-alemã. Na escola, destacava-me em matérias relacionadas à matemática e ao raciocínio lógico, mas também gostava muito de desenhar, por isso, no Ensino Médio decidi cursar o Técnico em Design Gráfico. Quando chegou o momento de entrar na universidade, escolhi explorar minha curiosidade por tudo relacionado à vida, sua origem e seu DNA, e formei-me como bióloga.

Comecei a trabalhar aos 16 anos, quando ainda cursava o Ensino Médio e o Técnico. Desde esse meu primeiro emprego, Deus me levou a usar mais minha habilidade lógica para conquistar meu próprio dinheiro, ocupando desde então posições relacionadas à administração de empresas e, por esse motivo, decidi fazer o Mestrado em Finanças. Para completar essa formação multidisciplinar, sou certificada em Disciplina Positiva pela *Positive*

Discipline Association e vou começar o Mestrado em Psicobiologia e Neurociência Cognitiva porque, além de tudo, me apaixonam assuntos relacionados ao comportamento humano, tanto do ponto de vista científico, quanto do ponto de vista bíblico. Em 2020, todas essas diversas formações e interesses se encaixaram perfeitamente quando a ideia de criar o *Shalom Pompom* cresceu no meu coração.

Apesar de que minhas 3 irmãs, meu irmão e eu fomos apresentados a Jesus quando éramos pequenos, meu encontro real com Ele foi em 2011. Tenho visto com clareza as mudanças na minha vida desde então e divido minha história em dois tempos: antes de 2011 e depois de 2011 ou, melhor dizendo, antes de Cristo e depois de Cristo ... Engraçado isso, né? Agora, enquanto escrevo, percebo que não só a maneira como contamos os anos da humanidade é a.C e d.C, como também cada um de nós tem seu próprio a.C e d.C na vida.

Quando eu tinha uns 17 anos, na minha vida a.C, um pastor entregou muitas profecias para minha mãe, para uma das minhas irmãs e para mim. Na época, eu até acreditei, mas uma delas não fez sentido nenhum para mim, ele disse: *te vejo falando com muitas mulheres*. Nesse momento entendi que era algo sobre a Palavra, mas pensei: *eu não sou tão espiritual assim, nem sou de ler a Bíblia, acho que essa aí vou ficar te devendo, Deus.*

O tempo foi passando e somente na minha vida d.C, depois de 2011, cada uma das profecias começou a se cumprir, mas essa de *falar com muitas mulheres* foi ficando para trás; de fato, eu nem me preocupava muito com ela, e achei que tinha se cumprido quando, em 2014, participei de uma roda de mulheres na igreja para contar que estava muito triste com o término do relacionamento com quem na época era meu namorado, mas que hoje é meu esposo.

Agora entendo que essa profecia era a última que eu viveria, porque só aconteceria depois da benção de ser mãe, e, apesar de sabermos que a educação dos filhos não é responsabilidade somente feminina, sei que a teologia da educação não-violenta vai se disseminar principalmente através de nós, mulheres.

A história da minha família é daquelas típicas da Bíblia, que começam com tribulação, choro e sofrimento. Minha mãe emigrou da Bolívia para o Brasil com meu pai e meus 3 irmãos mais velhos na década de 80; no Brasil, nascemos minha outra irmã e eu. Meus pais se divorciaram quando eu tinha 3 anos, moramos na Bolívia com minha mãe por 2 anos e, quando eu tinha 5 anos, ela voltou sozinha com os cinco filhos para o Brasil, apenas com a força típica dessa mulher que amo e admiro.

Ficamos 8 anos sem ver meu pai, minha mãe nos criou sozinha, passou por muitas angústias e, nesse meio tempo, conheceu a Jesus. Ela trabalhava duro, quase não dormia e, cada vez que me lembro, me dá um aperto no coração. Nossa infância foi difícil e a maternidade para ela foi ainda mais, porém, como nas histórias da

Bíblia, os anos de sofrimento passaram, e hoje, com a benção de Deus, somos cinco adultos prósperos que damos prosperidade à minha mãe. Meu pai também, em determinado momento, conheceu a Jesus, foi transformado, e tanto ele como minha mãe se casaram novamente com ótimas pessoas.

Fomos criados com uma educação tradicional e minha mãe era muito rígida, graças a Deus menos que a mãe dela, pois minha avó chegou a machucá-la bastante ao lhe aplicar castigos físicos. Minha mãe acabou recorrendo às palmadas para tentar nos educar, nada parecido a uma tortura, mas eu entendo que ela não tinha tempo, nem conhecimento para fazer qualquer coisa diferente, até porque, como contei, ela mesma foi criada de uma maneira ainda mais violenta.

Crescemos e vencemos, mas se me perguntarem acerca de uma consequência imediata na minha vida da educação tradicional, com uso de castigos físicos, a resposta é muito clara: passei muitos anos me relacionando com pouca inteligência emocional — na *linguagem científica* — ou com dificuldade em manter o domínio próprio — na *linguagem bíblica* —. Sofri muitas situações pessoais e profissionais no passado devido a isto e, mesmo tendo melhorado muito, sei que sempre continuarei a lidar com desafios nessa área, porque se trata de um exercício contínuo para lapidar bases profundas, estabelecidas desde a infância.

Antes não sabia explicar ou nomear o problema, só via a meus irmãos e a mim como pessoas de *caráter e opinião forte*, mas agora, depois de receber de Deus o conhecimento da teologia da educação não-violenta, entendo perfeitamente o motivo da nossa baixa tolerância à frustração e tenho sido moldada dia a dia, em constante capacitação e transformação, para criar minha filha com o mesmo padrão moral com o qual minha mãe nos criou, mas com um caráter ainda mais próximo ao de Jesus.

Portanto, o que recebi de Deus compartilho agora com você e espero que este livro edifique sua casa, sua família, sua igreja, seu ministério ... sua vida!

O que é o amor?

Estes versículos explicam quem é Deus, Jesus, o Espírito Santo e o amor:

> (Lucas 10:25-37 ARC) *E eis que se levantou um certo doutor da lei, tentando-o e dizendo: Mestre, que farei para herdar a vida eterna? E ele lhe disse: Que está escrito na lei? Como lês? E, respondendo ele, disse: Amarás ao Senhor, teu Deus, de todo o teu coração, e de toda a tua alma, e de todas as tuas forças, e de todo o teu entendimento e ao teu próximo como a ti mesmo. E disse-lhe: Respondeste bem; faze isso e viverás. Ele, porém, querendo justificar-se a si mesmo, disse a Jesus: E quem é o meu próximo? E, respondendo Jesus, disse: Descia um homem de Jerusalém para Jericó, e caiu nas mãos dos salteadores, os quais o despojaram e, espancando-o, se retiraram, deixando-o meio morto. E, ocasionalmente, descia pelo mesmo caminho certo sacerdote; e, vendo-o,*

passou de largo. E, de igual modo, também um levita, chegando àquele lugar e vendo-o, passou de largo. Mas um samaritano que ia de viagem chegou ao pé dele e, vendo-o, moveu-se de íntima compaixão. E, aproximando-se, atou-lhe as feridas, aplicando-lhes azeite e vinho; e, pondo-o sobre a sua cavalgadura, levou-o para uma estalagem e cuidou dele; E, partindo ao outro dia, tirou dois dinheiros, e deu-os ao hospedeiro, e disse-lhe: Cuida dele, e tudo o que de mais gastares eu to pagarei, quando voltar. Qual, pois, destes três te parece que foi o próximo daquele que caiu nas mãos dos salteadores? E ele disse: O que usou de misericórdia para com ele. Disse, pois, Jesus: Vai e faze da mesma maneira.

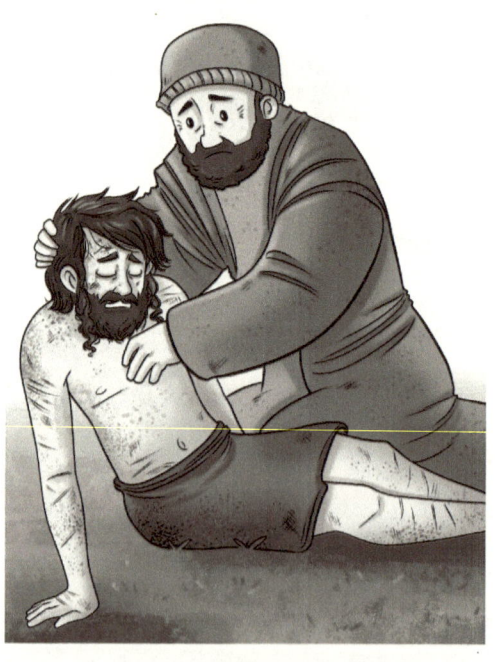

Entendendo Deus. Deus não faz acepção de pessoas (Romanos 2:11), Ele não é Deus dos judeus, dos samaritanos, dos evangélicos, dos protestantes, dos católicos, dos espíritas, dos muçulmanos, dos candomblecistas, dos hinduístas ou de qualquer outro nome que a nossa necessidade de organização humana dá a um grupo de pessoas que pratica doutrinas parecidas. Ele é o Deus criador de **toda** a humanidade, só Ele conhece o coração e os pensamentos de cada um e sabe se as nossas ações são motivadas pelo egoísmo ou pelo amor; se agimos amando só a nós mesmos ou ao próximo como a nós mesmos, porque disto *dependem toda a lei e os profetas* (Mateus 22:40).

> (Romanos 2:13-15 ARC) *Porque os que ouvem a lei não são justos diante de Deus, mas os que praticam a lei hão de ser justificados. Porque, quando os gentios, que não têm lei, fazem naturalmente as coisas que são da lei, não tendo eles lei, para si mesmos são lei, os quais mostram a obra da lei escrita no seu coração, testificando juntamente a sua consciência e os seus pensamentos, quer acusando-os, quer defendendo-os...*

Muitos ditos cristãos não conhecem realmente a Deus, e muitos dos que se dizem *não-cristãos* vivem como Ele instrui sem saber. Os religiosos acreditam que agradam a Deus seguindo doutrinas e rituais, mas ser religioso não significa ter fé. Na verdade, eles criam a religiosidade e esta aprisiona as pessoas em dogmas que as impedem de viver a liberdade do amor de Deus; como os judeus que acreditavam que não podiam fazer paz com os samaritanos, ou os samaritanos que acreditavam que não podiam fazer paz com os judeus. Um evangélico ou um católico que ainda hoje vive preso num conjunto de regras frias, do que pode ou não pode fazer, tem a mesma visão limitada de Deus que a de um candomblecista ou hinduísta que vive preso a rituais de sacrifícios para alcançar coisas através de seus guias espirituais.

Quer dizer que a religião está errada? Não. A religião nada mais é do que a necessidade natural do homem de organizar-se em grupos que falem o *mesmo idioma* sobre um assunto específico, como a Ordem dos Advogados, a Organização Mundial da Saúde ou um partido político. Quer dizer que todas as religiões levam a Deus? Não. Nenhuma religião leva a Deus, o único que nos leva a Deus é o amor.

> (Isaías 1:11-17 NAA) *O Senhor diz: De que me serve a multidão dos sacrifícios que vocês oferecem? Estou farto dos holocaustos de carneiros e da gordura de animais cevados. Não me agrado do sangue de novilhos, nem de cordeiros, nem de bodes. Quando comparecem diante de mim, quem requereu de vocês esse pisotear dos meus átrios? Não me tragam mais ofertas vãs! O incenso é para mim abominação, e também as Festas da Lua Nova, os sábados e a convocação das assembleias. Não posso*

> *suportar iniquidade associada à reunião solene. As Festas da Lua Nova e as solenidades, a minha alma as odeia; já são um peso para mim; estou cansado de suportá-las. Quando vocês estendem as mãos, eu fecho os meus olhos; sim, quando multiplicam as suas orações, não as ouço, porque as mãos de vocês estão cheias de sangue. Lavem-se e purifiquem-se! Tirem da minha presença a maldade dos seus atos; parem de fazer o mal! Aprendam a fazer o bem; busquem a justiça, repreendam o opressor; garantam o direito dos órfãos, defendam a causa das viúvas.*

Quem vive guiado pelo amor, vive guiado por Deus porque Deus é amor (1 João 4:8) e somos justificados diante Dele quando nossa motivação e meta é amar ao próximo como a nós mesmos. Fazer uma doação pode parecer correto aos olhos humanos, mas não é um ato justificado aos de Deus se o fizermos só para fingir que somos bons. Tirar a própria vida pode ser julgado como errado aos olhos humanos, mas é um ato justificado aos de Deus se entregarmos a nossa para salvar a de outra pessoa.

> *(João 3:16 ARC) Porque Deus amou o mundo de tal maneira que deu o seu filho unigênito, para que todo aquele que nele crê não pereça, mas tenha a vida eterna.*

> (1 João 3:16 ARC) *Conhecemos o amor nisto: que ele deu a sua vida por nós, e nós devemos dar a vida pelos irmãos.*

Deus *empatizou* com o mundo, sentiu nossa dor, viu como estávamos aprisionados e colocou-se literalmente em nosso lugar. Menciono *literalmente* porque se fez homem, fez-se Jesus para entregar sua vida por nós e dar-nos de comer do fruto daquela árvore proibida, lá do Éden, lembra? A que dá a vida eterna. Deus nos justifica pelo sacrifício de Jesus, por decisões empáticas, como a do bom samaritano e a do ladrão na cruz, que ao estar crucificado ao lado de Jesus, repreendeu o outro ladrão zombador:

> (Lucas 23:40-41 ARA) *Respondendo-lhe, porém, o outro, repreendeu-o, dizendo: Nem ao menos temes a Deus, estando sob igual sentença? Nós, na verdade, com justiça, porque recebemos o castigo que os nossos atos merecem; mas este nenhum mal fez.*

Entendendo Jesus. Ah Jesus! sem Ele estaríamos lá nos anos a.C, apedrejando e sendo apedrejados, castigando e sendo castigados.

Quando Jesus foi questionado pelo doutor da Lei, Ele respondeu com uma pergunta: *que está escrito na Lei?* Depois, deu uma ordem com base na resposta do homem: *faze isso e viverás.* Em seguida, ao ser de novo questionado, usou a parábola do bom Samaritano para explicar o amor ao próximo, e fez outra pergunta: *qual, pois, destes três te parece que foi o próximo daquele que caiu nas mãos dos salteadores?* Seguida de um comando: *vai e faze da mesma maneira.*

Jesus veio para ensinar-nos a pensar, não trouxe um monólogo de regras e instruções como Moisés. Ensinou-nos através de perguntas para que chegássemos às conclusões com nosso próprio raciocínio e entendêssemos internamente a obediência ao amor de Deus; desta forma, esse entendimento cobra sentido, vida, e torna-se verdade dentro de nós. Para que possamos entender algo, precisamos construir um *diagrama de fluxos* mental de processos lógicos, que é um *passo a passo* para chegar a uma conclusão. Não adianta só decorarmos regras.

> (Isaías 11:2 ARC) *E repousará sobre ele o Espírito do Senhor, e o Espírito de sabedoria e de inteligência, e o Espírito de conselho e de fortaleza, e o Espírito de conhecimento e de temor do Senhor.*
>
> (João 1:17 ARC) *Porque a lei foi dada por Moisés; a graça e a verdade vieram por Jesus Cristo.*

Essa maneira como Jesus nos ensina a pensar é como devemos fazer com nossos filhos; assim como Jesus *discipula* pessoas, nós devemos discipular os pequenos. Ensiná-los a pensar através de perguntas e conclusões autodeclaradas para chegarem a obedecer a Deus desde seu interior, com motivações e objetivos corretos, por decisão própria e não por uma força externa.

Jesus é o nosso exemplo vivo a seguir, devemos ser Seus imitadores em cada uma das nossas ações. Ele, de forma concreta, ao vivo e em cores, mostrou-nos como nos comportar porque, antes Dele, as pessoas tinham só uma ideia abstrata de como era Deus, como se comportava, e o que pensava. Quando não conhecemos a Jesus, começamos a criar uma imagem de Deus parecida com nós mesmos: um cheio de raiva contra os que erram ou um muito bonzinho que deixa cada um fazer o que quer, mas Deus não é nenhum dos dois, senão os dois ao mesmo tempo: é ao mesmo tempo firme e amável.

> (Isaías 9:6 ARC) *Porque um menino nos nasceu, um filho se nos deu; e o principado está sobre os seus ombros; e o seu nome será Maravilhoso Conselheiro, Deus Forte, Pai da Eternidade, Príncipe da Paz.*

Antes de Jesus, o que nos impedia de pensar era, mais que tudo, o medo aos castigos, ao apedrejamento, a que um profeta ou juiz determinasse uma sentença de morte na nossa vida, por isso Jesus veio trazer a paz — explicarei o que isso significa nos próximos capítulos —. Ele nos liberta do castigo, faz-nos enxergar que não somos Deus para castigar, dá-nos liberdade para aprender Sua ciência e dá-nos de comer do fruto da árvore da vida eterna, o pão da vida.

Entendendo o Espírito Santo. Na parábola do bom samaritano, alguns assaltantes viram o judeu sozinho e, movidos pelo egoísmo, enxergaram ali a possibilidade de ganhar algo para eles. Quando um grupo de hienas vê um animal sozinho na selva, faz o mesmo, não consegue enxergar a dor do outro animal durante um ataque, elas só buscam saciar suas vontades primitivas, mas, diferente das hienas ou de qualquer outro animal, Deus nos deu um cérebro criativo e um raciocínio lógico capaz de buscar e encontrar a paz: deu-nos o Seu Espírito Santo. Através Deste é que devemos educar os nossos filhos e não pela nossa natureza primitiva, como se não tivéssemos maior inteligência, como se Jesus não tivesse vindo ensinar-nos a compreender o egoísmo e a praticar a empatia.

O Espírito Santo é o que nos diferencia dos animais. É o raciocínio lógico e a sabedoria que nos conduzem para encontrar o equilíbrio entre nosso instinto de sobrevivência individual e coletivo, entre amar a nós mesmos e ao próximo. Somente através do Espírito Santo somos capazes de criar e inventar; esta é a essência eterna de Deus.

> (João 14:26 ARC) *Mas aquele Consolador, o Espírito Santo, que o Pai enviará em meu nome, vos ensinará todas as coisas e vos fará lembrar de tudo quanto vos tenho dito.*
>
> (João 16:12-15 ARC) *Ainda tenho muito que vos dizer, mas vós não o podeis suportar agora. Mas, quando vier aquele Espírito da verdade, ele vos guiará em toda a verdade, porque não falará de si mesmo, mas dirá tudo o que tiver ouvido e vos anunciará o que há de vir. Ele me glorificará,*

> *porque há de receber do que é meu e vo-lo há de anunciar. Tudo quanto o Pai tem é meu; por isso, vos disse que há de receber do que é meu e vo-lo há de anunciar.*

Entendendo o amor. Voltando para a parábola do bom samaritano, ali é citado um doutor da Lei, uma pessoa que tinha profundo conhecimento da Lei entregue a Moisés, querendo encontrar erro no discurso de Jesus. Quando Este lhe preguntou o que dizia a Lei sobre herdar a vida eterna, o homem respondeu com rapidez porque já tinha memorizadas todas as leis, mas, ao mesmo tempo em que respondeu, é provável que se lembrou de algum episódio em que apedrejou, ofendeu, rejeitou ou fez algo que era o contrário de *amar ao próximo*, e perguntou a Jesus: *quem é meu próximo?*, com a esperança de que Ele respondesse: *seu irmão, sua família, os judeus, aqueles por quem você tem afeto*, e que isso o fizesse sentir-se melhor e menos culpado pelas suas ações; mas Jesus lhe responde com uma parábola. Cristo ilustra cinco personagens: um homem judeu agredido por ladrões, um sacerdote judeu, um levita amigo dos judeus, um samaritano inimigo dos judeus e o dono de uma pousada.

Tanto o sacerdote quanto o levita foram indiferentes ao ver o judeu machucado, mas o samaritano, da tribo inimiga, agiu com misericórdia ao vê-lo ferido; ele sentiu a dor daquele homem, colocou-se no lugar dele, e tomou a decisão racional de ajudá-lo. Por algum motivo o samaritano teve que partir no dia seguinte, mas fez questão de pagar ao dono da pousada para que cuidasse do judeu. O dono da pousada tratou de suas feridas, mas sua motivação não foi o amor, apenas cumpriu um serviço pelo qual o samaritano tinha pagado. Por isso, quando Jesus pregunta qual deles foi o próximo do judeu machucado, só há uma resposta: O que teve empatia por ele.

> (Romanos 13:9-10 ARC) *Com efeito: Não adulterarás, não matarás, não furtarás, não darás falso testemunho, não cobiçarás, e, se há algum outro mandamento, tudo nesta palavra se resume: Amarás ao teu próximo como a ti mesmo. O amor não faz mal ao próximo; de sorte que o cumprimento da lei é o amor.*

O primeiro mandamento é:

 Confie cegamente só na sabedoria de Deus, com o sentimento, a alma e o raciocínio.

O segundo mandamento é:

 Coloque-se no lugar do próximo, sinta a dor do próximo como se fosse em você... tenha EMPATIA!

A palavra empatia começou a ser usada pelo filósofo alemão Theodor Lipps para expressar a capacidade de colocar-se no lugar do outro, apenas no início do século XX; ou seja, nas diferentes épocas em que a Bíblia foi escrita, essa palavra ainda não tinha ganhado esse significado. A definição desse conceito, e o uso de uma palavra específica para nomear esse amor racional, foi um grande marco para todos os estudos comportamentais de crianças e adultos; e somente com ela conseguimos entender qual amor Deus nos pede para viver.

Com isso, o amor da Lei divina não é fraterno nem romântico; o amor que nos aperfeiçoa é racional. A empatia é a decisão que tomamos de colocar-nos no lugar do outro, seja amigo ou inimigo, por isso é perfeita, porque não depende de nada mais do que de uma decisão, a qual é muito mais fácil tomar quando compreendemos que não se trata de forçar-nos a criar um amor fraternal pelas pessoas ao nosso redor, porque isto terminaria em frustração ou falsidade.

> (Mateus 5:44-48 ARC) *Eu, porém, vos digo: Amai a vossos inimigos, bendizei os que vos maldizem, fazei bem aos que vos odeiam e orai pelos que vos maltratam e vos perseguem, para que sejais filhos do Pai que está nos céus; porque faz que o seu sol se levante sobre maus e bons e a chuva desça sobre justos e injustos. Pois, se amardes os que vos amam, que galardão tereis? Não fazem os publicanos também o mesmo? E, se saudardes unicamente os vossos irmãos, que fazeis de mais? Não fazem os publicanos também assim? Sede vós, pois, perfeitos, como é perfeito o vosso Pai, que está nos céus.*

Disciplinando na Graça

Para acabar com a dúvida de que o amor perfeito não é o amor fraterno, vejamos o seguinte versículo:

> (2 Pedro 1:5-7 ARC) ...*e vós também, pondo nisto mesmo toda a diligência, acrescentai à vossa fé a virtude, e à virtude, a ciência, e à ciência, a temperança, e à temperança, a paciência, e à paciência, a piedade, e à piedade, a fraternidade, e à fraternidade, o amor.*

Neste versículo, a fraternidade e o amor estão claramente separados; quer dizer, o amor fraternal e a empatia. É como se fosse a ilustração das fases do nosso amadurecimento em amor, o caminho para alcançar a perfeição de Deus. Essas são as habilidades que ganhamos conforme amadurecemos na primeira infância — de 0 a 6 anos de vida —; são as habilidades que reativamos e aprimoramos quando conhecemos a Jesus depois de adultos; e é o ciclo que devemos recomeçar cada vez que nos distanciamos de Deus. Por isso, Jesus disse que dos que são como crianças é o Reino dos Céus (Mateus 19:14), que se não nos fizermos de novo como crianças não entraremos no Reino dos Céus (Mateus 18:3) e que às criancinhas Deus revelou Sua perfeição (Lucas 10:21).

Fases do amadurecimento no amor, o caminho à perfeição:

- **Fé.** Total confiança e dependência.
- **Virtude.** Sem intenção de fazer o mal.
- **Ciência.** Curiosidade para aprender.
- **Temperança.** Moderação, não pedir mais do que precisa.
- **Paciência.** Tratar de entender que existe o tempo e o futuro.
- **Piedade.** Enxergar quando alguém precisa de ajuda.
- **Fraternidade.** Ter consciência de ser parte de uma família e de uma comunidade.
- **Amor / Empatia.** Usar todas as habilidades anteriores para imaginar e sentir a dor ou a alegria de qualquer outra pessoa, mesmo que não esteja presente, sem se importar se é amigo ou inimigo, e tomar uma ação baseada nisso.

Compreendendo este caminho, fica fácil entender por que em Mateus 5:48 Cristo nos pede para sermos perfeitos; pois nos aperfeiçoamos quando nossas ações se baseiam no amor perfeito, na empatia. Por isso é uma mentira amplamente difundida, no mundo e na igreja, que as crianças são más, manipuladoras e merecem castigos; na verdade, estão passando por etapas importantes de desenvolvimento do cérebro. Por essa razão Jesus ama tanto as crianças e falou tanto sobre elas quando esteve presente em carne e osso.

Resumindo: o que é o amor? É a *empatia*. Um amor tão perfeito que resume em si mesmo a Deus, porque independe da opinião que temos sobre alguém; a Jesus, porque nos livra de sentir e fazer sentir dor; e ao Espírito Santo, porque nos exige raciocinar sobre nossas motivações e objetivos para vivê-lo.

O que é a ciência?

(Filipenses 1:9 ARC) *E peço isto: que o vosso amor aumente mais e mais em ciência e em todo o conhecimento.*

Pare e pense: Qual é o sentido da vida? Muitas pessoas quebram a cabeça com isto. Líderes religiosos e filósofos criaram teorias engraçadas, românticas ou sobrenaturais sobre nossa existência, mas neste capítulo quero mostrar que a resposta sempre esteve claramente escrita na Bíblia e só precisávamos estar neste tempo para entender nosso propósito.

Dentre as teorias que conheci nestes anos de cristianismo, está a que uma vez ouvi de um pastor num culto. Ele disse que o sentido da vida, o motivo de existirmos, é adorar a Deus. Lembro-me de pensar: *nossa, será que Deus é tão egocêntrico assim? Ele sabe quem é, os anjos estão lá com Ele repetindo sem cessar que é Santo (Apocalipse 4:8), por que precisaria que lhe disséssemos o tempo todo que Ele é maravilhoso?* Se a Bíblia diz que, se nos calarmos, até as pedras clamarão que Deus é Santo (Lucas 19:37-40), por que necessitaria mais seres fazendo o mesmo? Não parece ser esse o único propósito da nossa existência humana.

Outra teoria que ouvi é que Deus nos criou porque tem uma quantidade tão enorme de amor, que precisou dividir isso com outro ser. Essa ideia é bonita e, em partes, correta, mas como a palavra *amor* nos remete a romantismo e fraternidade — quando não entendemos que se trata de empatia —, é estranho imaginar um Deus que mais se parece à *Laurinha* da novela *Carrossel*: uma menina apaixonada que explode de amor e que precisa com desespero de alguém que receba esse seu sentimento.

Então, qual é o propósito da criação?

> (Gênesis 1:27 ARC) *E **criou Deus o homem à sua imagem**; à imagem de Deus o criou; macho e fêmea os criou.*
>
> (Gênesis 2:9 ARC) *E o Senhor **Deus fez brotar** da terra toda árvore agradável à vista e boa para comida, e a **árvore da vida** no meio do jardim, e a **árvore da ciência do bem e do mal**.*
>
> (Gênesis 3:1-7 ARC) *Ora, **a serpente** era mais astuta que todas as alimárias do campo **que o Senhor Deus tinha feito**. E esta disse à mulher: É assim que Deus disse: Não comereis de toda árvore do jardim? E disse a mulher à serpente: Do fruto das árvores do jardim comeremos, mas, do fruto da árvore que está no meio do jardim, disse Deus: Não comereis dele, nem nele tocareis, para que não morrais. Então, a serpente disse à mulher: Certamente não morrereis. Porque **Deus sabe que**, no dia em que dele comerdes, **se abrirão os vossos olhos, e sereis como Deus**, sabendo o **bem** e o **mal**. E, vendo a mulher que aquela árvore era boa para se comer, e agradável aos olhos, e **árvore desejável para dar entendimento**, tomou do seu fruto, e comeu, e deu também a seu marido, e ele comeu com ela. Então, **foram abertos os olhos de ambos**, e*

> *conheceram que estavam nus; e coseram folhas de figueira, e fizeram para si aventais.*
>
> (Gênesis 3:22-23 ARC) *Então, **disse o Senhor Deus: Eis que o homem é como um de nós**, sabendo o bem e o mal; ora, pois, para que não estenda a sua mão, e tome também da árvore da vida, e coma, e viva eternamente, o Senhor Deus, pois, o lançou fora do jardim do Éden, para lavrar a terra, de que fora tomado.*

Pensamos que Deus não sabia que a serpente faria o que fez? Que Ele não sabia que Adão e Eva comeriam do fruto proibido? Por que a serpente tentou Eva com o fruto do conhecimento do bem e do mal e não com o da vida eterna?

Quando Deus nos conta sobre o jardim do Éden, diz que colocou a árvore da vida e a árvore do bem e do mal, ambas no meio do jardim: colocou-as ali de propósito. Se Ele não quisesse que Adão e Eva tivessem acesso a qualquer uma dessas árvores, teria escondido esse conhecimento da vista deles, do mesmo jeito que o conhecimento do *WiFi* nos foi dado somente em 1997, por exemplo.

Adão e Eva eram muito parecidos com o resto dos animais que vemos no nosso dia a dia. Os cachorros, por exemplo, não criam coisas novas, não sabem que estão nus e não conhecem o bem e o mal; eles só seguem um instinto de sobrevivência. É uma ilusão pensar que Adão e Eva eram os humanos que somos hoje; eles eram mais parecidos com os homens das cavernas, com a Lucy e os outros hominídeos que já foram encontrados em escavações feitas na África, que com Einstein, Bill Gates ou você.

Para colocar um exemplo mais próximo do nosso entorno, basta olhar para os indígenas e aborígenes; não faz tantos anos que eles eram a maioria na Terra e muitas tribos, até hoje, têm hábitos e comportamentos que estão mais próximos de um humano com o instinto de sobrevivência muito latente, do que de um criador de nanotecnologia. Veja bem, não estou dizendo que os indígenas ou aborígenes valem menos para Deus ou para a sociedade, Deus tem propósitos diferentes com tempos distintos para cada povo e cada nação, não nos cabe julgar se são melhores ou piores, só nos cabe agir com a empatia de Deus, ensinando e aprendendo o que o Espírito Santo revela. Graças a essas tribos mais afastadas, aprendemos, por exemplo, a lembrar das nossas origens e da importância de buscarmos o equilíbrio com a natureza.

Ainda sobre os propósitos de cada nação, Deus sempre falou com toda Sua criação e compartilhou do seu Espírito com todos os povos: os maias e os egípcios tinham um conhecimento impressionante sobre astronomia e matemática, os gregos são reconhecidos por desenvolverem a filosofia e a política, os sumérios desenvolveram a escrita, e os judeus foram escolhidos para que a humanidade soubesse que existe um único Deus criador de todas as ciências mencionadas e que morreu para que pudéssemos avançar em conhecê-lo racional e espiritualmente.

Deus não criou Adão e Eva para permanecerem na condição do resto dos animais do jardim do Éden, Ele os criou para serem Sua imagem e semelhança. Quem está mais próximo à semelhança de Deus: um homem das cavernas ou um homem inventor? Como teriam reagido Adão ou Eva se Deus lhes falasse que, um dia, sua descendência criaria objetos capazes de fazer várias pessoas na Terra se comunicarem ao mesmo tempo, ou que o homem subiria num objeto voador e conheceria pessoas de outras terras, com tons de pele diferentes das deles? Conte estas coisas para um chimpanzé e você terá uma ideia de como teria sido a reação de Adão e Eva; ou peça para um físico quântico contar-lhe sobre o experimento do *Gato de Schrödinger* e você se sentirá como Adão e Eva frente ao Deus criador, contando-lhe coisas complexas.

> (1 Coríntios 2:14-16 ARC) *Ora, o homem natural não compreende as coisas do Espírito de Deus, porque lhe parecem loucura; e não pode entendê-las, porque elas se discernem espiritualmente.*

Deus tinha a total intenção de que Adão e Eva conhecessem o bem e o mal porque nos criou para ser como Ele; da mesma maneira tinha total intenção de que comêssemos do fruto da árvore da vida eterna, que é Jesus.

Mas então, por que Deus expulsou ambos do jardim do Éden e lançou maldições sobre a serpente, a mulher e o homem? Porque Deus conhece o **bem** e o *mal*, e quis mostrar-nos ambos. Como poderíamos entender a luz sem conhecer as trevas? Além disso, desde esse momento começou a ensinar-nos sobre as consequências com misericórdia. A natureza de Deus é para o bem, o amor e a luz, mas nossa natureza humana adulta, quando já começamos a decidir racionalmente, leva-nos sempre para o lado mais primitivo do egoísmo, para as trevas. O caminho até Deus implica sair do egoísmo e chegar à empatia, e é esse o caminho que estamos trilhando desde Adão e Eva: das trevas para a luz.

> (Isaías 45:6-7 ARC) *Para que se saiba desde o nascente do sol e desde o poente que fora de mim não há outro; eu sou o Senhor, e não há outro. Eu formo a luz e crio as trevas; eu faço a paz e crio o mal; eu, o Senhor, faço todas essas coisas.*
>
> (Efésios 5:8 ARC) *Porque, noutro tempo, éreis trevas, mas, agora, sois luz no Senhor; andai como filhos da luz.*

Toda a história, desde Adão e Eva até hoje, é uma mesma narrativa: Deus nos ensinando a ser como Ele; mas Sua ciência é tão louca para nós — e era ainda mais louca no início da humanidade — que precisamos de milênios e milênios para conhecer partes da grandeza de Deus, até que um dia conheçamos o todo. Então, quando a ciência encontra esqueletos de hominídeos que se parecem mais a macacos que a homens, e diz que temos um parentesco muito próximo com gorilas e chimpanzés, nós, cristãos, não deveríamos ficar bravos e condenar a ciência ... deveríamos ficar felizes! Porque, mais uma vez, a Bíblia já tinha nos contado isso, mas de uma forma mais lúdica.

Agora, com o avanço da tecnologia, foi-nos revelado o conhecimento racional para entender o que Deus quis explicar desde o princípio. A Bíblia e a ciência são o próprio Deus contando o mesmo, mas de maneiras diferentes. É como quando dizemos para uma criança que o bebê cresce na barriga da mamãe porque o papai plantou uma sementinha no seu ventre e, depois, na idade adequada — quando o cérebro da criança está pronto para entender o processo de forma racional —, explicamos como funciona o sistema reprodutor de homens e mulheres.

Como já indiquei, a verdadeira compreensão de algo ocorre de dentro para fora; quando nós, com nosso próprio cérebro, criamos uma sequência de passos lógicos para chegar numa conclusão ... É assim que Deus nos ensina todas as coisas, mostrando-nos o passo a passo.

Então, o que é a ciência? A ciência, que é sinônimo da palavra *conhecimento*, é o próprio Espírito Santo que nos ensina, nos convence e nos revela a lógica perfeita de Deus, para que saibamos cada vez mais quem é o Pai.

Não há erros na lógica de Deus! Ele não se contradiz.

> (Romanos 12:1 ARC) *Rogo-vos, pois, irmãos, pela compaixão de Deus, que apresenteis o vosso corpo em sacrifício vivo, santo e agradável a Deus, que é o vosso* **culto racional**.

Por que é necessário entender tudo isso num livro para pais e mães? Porque a educação dos nossos filhos tem um propósito muito além do adestramento ensinado pela igreja até agora. Precisamos entender qual é o nosso propósito em Deus como humanos, para então ensinar o mesmo para nossos filhos. Requeremos, como pais, educar-nos, dar ouvidos aos estudos comportamentais, à biologia, à medicina, à psicologia, à engenharia, à física, à contabilidade, à pedagogia, às finanças, à química — enfim, à ciência — e validar esse conhecimento aos olhos do Espírito Santo, para entender a sabedoria que Deus diariamente derrama sobre a Terra, com o objetivo de dividir Sua identidade conosco em empatia. O verdadeiro Cristão não almeja voltar à ignorância dos anos passados, como os judeus no deserto querendo voltar ao Egito, mas deseja seguir adiante, renovando seu entendimento para transformar o egoísmo em empatia, para passar das trevas para a luz.

> (Romanos 12:2 ARC) *E não vos conformeis com este mundo, mas transformai-vos pela renovação do vosso*

> *entendimento, para que experimenteis qual seja a boa, agradável e perfeita vontade de Deus.*
>
> (João 5:20 ARC) *Porque o Pai ama ao Filho e mostra-lhe tudo o que faz; e ele lhe mostrará maiores obras do que estas, para que vos maravilheis.*

É importante considerar que o egoísmo do homem intelectualizado tenta roubar a identidade de Deus para favorecer a si próprio, mas Deus quer dar-nos a sua identidade intelectual para favorecer toda a humanidade. Por isso, a ciência não é motivo para tornarmo-nos soberbos pensando que já somos o próprio Pai, mas é causa de alegria, sabendo que somos guiados por um Deus misericordioso que quer ensinar-nos coisas maravilhosas.

> (João 10:33-36 ARC) *Os judeus responderam, dizendo-lhe: Não te apedrejamos por alguma obra boa, mas pela blasfêmia, porque, sendo tu homem, te fazes Deus a ti mesmo. Respondeu-lhes Jesus: Não está escrito na vossa lei: Eu disse: sois deuses? Pois, se a lei chamou deuses àqueles a quem a palavra de Deus foi dirigida (e a Escritura não pode ser anulada), àquele a quem o Pai santificou e enviou ao mundo, vós dizeis: Blasfemas, porque disse: Sou Filho de Deus?*

Toda inovação e tecnologia criadas até o momento são obras capazes de trazer o bem e a cura para muitos ao mesmo tempo, seja na saúde ou nas finanças. Esse é o sentido da vida: aprender, ensinar e renovar a ciência para sair das trevas e entrar na luz, da violência animal ao amor divino, para sermos a imagem e semelhança de Deus, e, para que assim, O entendamos e conheçamos face a face.

> (Êxodo 35:31-35 ARC) *E o Espírito de Deus o encheu de sabedoria, entendimento e ciência em todo artifício, e para inventar invenções, para trabalhar em ouro, e em prata, e em cobre, e em artifício de pedras para engastar, e em artifício de madeira, para trabalhar em toda obra esmerada. Também lhe tem disposto o coração para ensinar a outros, a ele e a Aoliabe, filho de Aisamaque, da tribo de Dã. Encheu-os de sabedoria do coração, para fazer toda obra de mestre, e a mais engenhosa, e a do bordador, em pano azul, e em púrpura, e em carmesim, e em linho fino, e a do tecelão, fazendo toda obra e inventando invenções.*
>
> (Provérbios 18:15 ARC) *O coração do sábio adquire o conhecimento, e o ouvido dos sábios busca a ciência.*
>
> (Colossenses 2:2-3 ARC) *para que os seus corações sejam consolados, e estejam unidos em amor e enriquecidos da*

plenitude da inteligência, para conhecimento do mistério de Deus — Cristo, em quem estão escondidos todos os tesouros da sabedoria e da ciência.

(Daniel 12:4 ARC) *E tu, Daniel, fecha estas palavras e sela este livro, até ao fim do tempo; muitos correrão de uma parte para outra, e a ciência se multiplicará.*

(1 Coríntios 12:8-9 ARC) *Porque a um, pelo Espírito, é dada a palavra da sabedoria; e a outro, pelo mesmo Espírito, a palavra da ciência; e a outro, pelo mesmo Espírito, a fé; e a outro, pelo mesmo Espírito, os dons de curar.*

Castigo

> (Tito 3:3 NVI) *Houve tempo em que nós também éramos insensatos e desobedientes, vivíamos enganados e escravizados por toda espécie de paixões e prazeres. Vivíamos na maldade e na inveja, sendo detestáveis e odiando uns aos outros.*

Voltando à imagem de que Adão e Eva saíram do paraíso com uma inteligência mais próxima à animal, podemos entender que o egoísmo primitivo os guiava, esse instinto de sobrevivência que nos leva a colocar nossa vontade em primeiro lugar; mas esse homem, essa mulher e seus descendentes não eram nem de tudo animais, nem completamente Deus, tinham que aprender a lidar com um turbilhão de sentimentos que os faziam diferentes das outras espécies: ira, amor, inveja, compaixão, desejo, piedade, tristeza, felicidade, preguiça, euforia, criatividade, imaginação, e tantos outros que só um ser tão criativo e criador como Deus poderia ter soprado nas narinas do ser humano.

> (Gênesis 4:2-11 ARA) *Depois, deu à luz a Abel, seu irmão. Abel foi pastor de ovelhas, e Caim, lavrador. Aconteceu que no fim de uns tempos trouxe Caim do fruto da terra uma oferta ao Senhor. Abel, por sua vez, trouxe das primícias do seu rebanho e da gordura deste. Agradou-se o Senhor de Abel e de sua oferta; ao passo que de Caim e de sua oferta não se agradou. Irou-se, pois, sobremaneira, Caim, e descaiu-lhe o semblante. Então, lhe disse o Senhor: Por que andas irado, e por que descaiu o teu semblante? Se procederes bem, não é certo que serás aceito? Se, todavia, procederes mal, eis que o pecado jaz à porta; o seu desejo será contra ti, mas a ti cumpre dominá-lo. Disse Caim a Abel, seu irmão: Vamos ao campo. Estando eles no campo, sucedeu que se levantou Caim contra Abel, seu irmão, e o matou. Disse o Senhor a Caim: Onde está Abel, teu irmão? Ele respondeu: Não sei; acaso, sou eu tutor de meu irmão? E disse Deus: Que fizeste? A voz do sangue de teu irmão clama da terra a mim. És agora, pois, maldito por sobre a terra, cuja boca se abriu para receber de tuas mãos o sangue de teu irmão.*

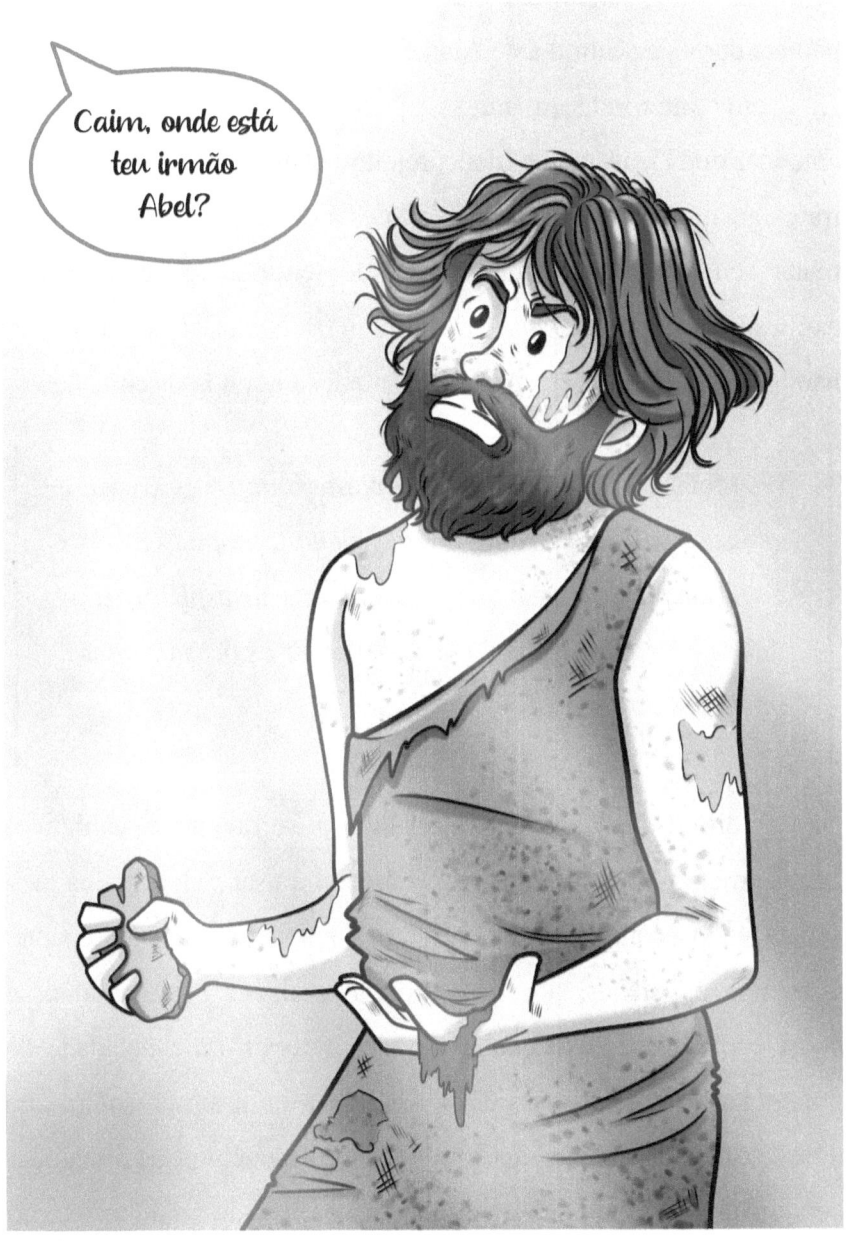

Uma vez ouvi um pastor pregar que o sangue é uma moeda de troca no mundo espiritual; que Deus tinha rejeitado a oferta de Caim porque não era carne, e aceitou a de Abel porque era a carne de uma ovelha ... é uma interpretação muito espiritualizada, mas é importante entender que Deus, na realidade, rejeitou Caim porque havia inveja, ira e egoísmo em seu coração, e isto está claro porque foi capaz de matar seu irmão pelo simples fato de sentir-se rejeitado. Como explicado no capítulo *O que é o amor?*, a Bíblia nos mostra que Deus não julga simples ações, mas a real intenção em nossos corações.

> (Hebreus 4:12 ARC) *Porque a palavra de Deus é viva, e eficaz, e mais penetrante do que qualquer espada de dois gumes, e penetra até à divisão da alma, e do espírito, e das juntas e medulas, e é apta para discernir os pensamentos e intenções do coração.*

Não é difícil visualizar que, quando o ser humano ganhou o conhecimento do bem e do mal, começou a usar tudo e todos para satisfazer suas próprias vontades. É como se agora, de repente, déssemos às hienas, aos gatos, ou a qualquer outro animal, a consciência de sua existência, o poder de criar e a capacidade de manipular a natureza; sem dúvida agiriam da mesma maneira que nós: seu recente instinto de sobrevivência faria com que tentassem conquistar o máximo de territórios e usassem todo o conhecimento para seu próprio benefício. Também o ser humano, este ser, que intelectualmente não é nem 100% animal, nem 100% divino, começou a usar sua imagem e semelhança de criador para fazer guerras sanguinárias e torturas abomináveis, com o fim de atender seus próprios desejos primitivos.

> (Gênesis 6:5 ARC) *E viu o Senhor que a maldade do homem se multiplicara sobre a terra e que toda imaginação dos pensamentos de seu coração era só má continuamente.*

Passaram-se muitíssimas gerações desde Adão e Eva, milhões de anos em que o homem experimentou diferentes fases de inteligência como a do *Australopithecus, Homo habilis, Homo erectus, Homo neanderthalensis* e, finalmente, *Homo sapiens*. Pouco a pouco o cérebro humano cresceu no conhecimento de Deus para afastar-se de sua condição mais primitiva, mas temos que entender que, mesmo já como *Homo sapiens*, a humanidade ainda tinha menos ferramentas de aprendizado na época do Antigo Testamento do que as que se tem hoje em dia.

Na maior parte da história antes de Cristo não havia escolas, livros e muito menos internet, até porque as pessoas não tinham tanto tempo para intelectualizar-se e pensar na paz mundial, no egoísmo ou na empatia; tinham que lutar para sobreviver, organizar-se em grupos, defender-se de ataques e conquistar territórios. O Antigo Testamento relata muitas dessas guerras e destruições de povos, não porque Deus incentive as guerras e se alegre em destruir pessoas, mas porque quer contar-nos de qual condições saímos e para onde nos dirigimos.

Nesse sentido, a Bíblia nos mostra com claridade que, ao mesmo tempo em que os gregos — por exemplo — já filosofavam e tratavam de entender o pensamento humano, a humanidade vivia muitas barbáries com gladiadores, pessoas sendo jogadas aos leões, escravidão, incesto etc.

Como era possível ensinar o que é o bem e o que é o mal para esses humanos com tantas limitações?

Compreendendo o contexto menos intelectual e não-tecnológico da humanidade daquela época, Deus deu a Moisés os Dez Mandamentos; uma série de leis e alguns outros rituais para que o povo se organizasse. Era necessário que o ser humano daquela época tivesse uma referência básica do certo e do errado, e que também visse, de maneira palpável, que uma vida que busca apenas interesses individuais, sem se importar com o próximo, leva à própria destruição física e espiritual.

> (Êxodo 21:23-25 ARC) *Mas, se houver morte, então, darás vida por vida, olho por olho, dente por dente, mão por mão, pé por pé, queimadura por queimadura, ferida por ferida, golpe por golpe.*

Para entender melhor o que Deus nos mostra no Antigo Testamento, vejamos o seguinte experimento:

> Um grupo de cientistas colocou cinco chimpanzés numa jaula, na qual havia uma escada com um cacho de bananas no topo. Cada vez que um chimpanzé tentava subi-la para pegar a fruta, os cientistas lançavam um jato de água fria em todos os animais. Depois de certo tempo, quando um chimpanzé se aproximava da escada tentando subir, os outros o batiam, de modo que, passado outro tempo, apesar das tentadoras bananas continuarem lá, os cinco chimpanzés passaram a ignorar a escada.
>
> Os cientistas então substituíram um dos animais. A primeira ação do novo chimpanzé foi subir a escada para tentar pegar as bananas, mas os demais o desceram com rapidez e lhe deram uma surra. Depois de várias repetidas pancadas, o novo integrante deixou de tentar o ato e um segundo chimpanzé foi substituído. Os cientistas observaram que, apesar de já não aplicarem o jato de água fria como castigo, o ciclo se repetia: o novato, ao tentar pegar as bananas, apanhava dos demais e passava a ignorar tanto a escada como a fruta. Assim, cada um dos cinco chimpanzés originais foi substituído e ficaram cinco que, ainda que nunca tivessem recebido um jato de água fria, continuavam batendo naqueles que tentavam subir a escada para alcançar as bananas.

Disciplinando na Graça

Analisando este caso dos chimpanzés na jaula, é possível perceber que, a curto prazo, o castigo funcionou, pois os cientistas conseguiram fazer com que parassem de subir a escada e *vencessem a tentação* de pegar as bananas, mas, a longo prazo, o castigo aplicado criou um ciclo irracional de medo nos animais, transformando-os em castigadores e estabelecendo-se um mito transmitido às seguintes gerações de primatas, sem que estes sequer entendessem a origem ou o motivo desse ciclo.

Deus tinha um propósito específico quando permitiu ao homem apedrejar os pecadores e aplicar outros tipos de castigos físicos nos servos, nos tolos e nos filhos; mas isto tinha uma data certa para terminar, já que Ele nos mostra que, ao estarmos fechados nesse ciclo de castigos, não conseguimos renovar o entendimento e nem crescer em empatia, ou seja, em amor.

Qual era a data certa para que o propósito dos castigos terminasse? Como é possível tirar o homem desse ciclo raivoso de castigos para que siga caminhando em direção a conhecer a face de Deus? A resposta está no nascimento e na morte de Jesus.

No Antigo Testamento, Deus, de forma temporária, havia entregado a espada da justiça, a chave da morte, à humanidade; mas, quando Jesus morreu, levou-as consigo porque não éramos e nem somos capazes de penetrar no coração e nos pensamentos dos demais para aplicar um castigo justo, pelo contrário, caímos em hipocrisia quando apontamos o erro alheio e, pior ainda, pegamos gosto por castigar porque nos faz sentir menos pecadores.

É gostoso aplicar uma pena nas costas dos outros, porque nos faz sentir e parecer menos errados; muitos até desfrutam descarregar suas frustrações em outras pessoas, seja com palavras de ofensas ou agressões físicas. A Bíblia nos traz a imagem clara de quem se afasta da misericórdia, de quem vive pela espada, amando a lei e os castigos ... essa imagem é a dos fariseus e dos doutores da Lei.

> (Mateus 12:7 ARC) *Mas, se vós soubésseis o que significa: Misericórdia quero e não sacrifício, não condenaríeis os inocentes.*

Ao ler a Bíblia, vemos que os fariseus e os doutores da Lei estavam tão contaminados com a violência dos castigos — tinham pegado tanto gosto por aplicar a Lei mosaica contra os que julgavam ser pecadores — que se tornaram obstinados em encontrar uma maneira de condenar Jesus à morte, apenas porque Ele confrontava a falta de empatia em seus corações. Muitas pessoas, já cegas por essa violência, não se escandalizavam com a ideia de ver alguém sendo chicoteado, torturado e crucificado.

Desde as profecias sobre Jesus no Antigo Testamento, Deus já tinha anunciado que a única maneira de tirar o homem de sua condição violenta era enviar um que nos trouxesse paz e nos ensinasse a pensar, mas vê-se na Bíblia que essa paz incomodou os que amavam os castigos das leis e que isso acontece até os dias de hoje.

> (Isaías 33:14-16 ARC) *Os pecadores de Sião se assombraram, o tremor surpreendeu os hipócritas. Quem dentre nós habitará com o fogo consumidor? Quem dentre nós habitará com as labaredas eternas? O que anda em justiça e que fala com retidão, que arremessa para longe de si o ganho de opressões, que sacode das suas mãos todo o presente; que tapa os ouvidos para não ouvir falar de*

sangue e fecha os olhos para não ver o mal, este habitará nas alturas; as fortalezas das rochas serão o seu alto refúgio, o seu pão lhe será dado, e as suas águas serão certas.

(Jeremias 3:15 ARC) *E vos darei pastores segundo o meu coração, que vos apascentem com ciência e com inteligência.*

(Isaías 2:4 ARC) *E ele exercerá o seu juízo sobre as nações e repreenderá a muitos povos; e estes converterão as suas espadas em enxadões e as suas lanças, em foices; não levantará espada nação contra nação, nem aprenderão mais a guerrear.*

(Isaías 11:6-9 ARC) *E morará o lobo com o cordeiro, e o leopardo com o cabrito se deitará, e o bezerro, e o filho de leão, e a nédia ovelha viverão juntos, e um menino pequeno os guiará. A vaca e a ursa pastarão juntas, e seus filhos juntos se deitarão; e o leão comerá palha como o boi. E brincará a criança de peito sobre a toca da áspide, e o já desmamado meterá a mão na cova do basilisco. Não se fará mal nem dano algum em todo o monte da minha santidade, porque a terra se encherá do conhecimento do Senhor, como as águas cobrem o mar.*

> (Isaías 25:8-9 ARC) *Aniquilará a morte para sempre, e assim enxugará o Senhor Jeová as lágrimas de todos os rostos, e tirará o opróbrio do seu povo de toda a terra; porque o Senhor o disse. E, naquele dia, se dirá: Eis que este é o nosso Deus, a quem aguardávamos, e ele nos salvará; este é o Senhor, a quem aguardávamos; na sua salvação, exultaremos e nos alegraremos.*
>
> (Isaías 26:12 ARC) *Senhor, tu nos darás a paz, porque tu és o que fizeste em nós todas as nossas obras.*
>
> (Isaías 32:17-18 ARC) *E o efeito da justiça será paz, e a operação da justiça, repouso e segurança, para sempre. E o meu povo habitará em morada de paz, e em moradas bem seguras, e em lugares quietos de descanso.*

O poder do castigo cega tanto as pessoas que o comparo ao anel do filme *O Senhor dos Anéis*. Se colocamos esse anel e nos apegamos ao método de proibir ou obrigar as pessoas a fazerem o que queremos através do medo, tornamo-nos como o personagem *Gollum*, um monstro feio que não aceita que tirem esse poder de suas mãos. Assim se comportaram os algozes de Jesus, que não podiam aceitar que alguém viesse tirar-lhes o anel do castigo de seus dedos, anunciando que já não haveria apedrejamento para os pecadores, que tinham que sentir empatia inclusive pelos samaritanos, orar pelos que os perseguiam e focar-se mais nos próprios pecados que nos dos demais. Iraram-se porque Jesus expôs a sujeira em seus corações e foi mais duro com eles que com os adúlteros, ladrões e pecadores a quem condenavam.

(Isaías 9:18 ARA) *Porque a maldade lavra como um fogo, ela devora os espinheiros e os abrolhos; acende as brenhas do bosque, e estas sobem em espessas nuvens de fumaça.*

Jesus, ao contrário dos que têm sede em aplicar juízo e castigo nos demais, disse:

(Mateus 5:38-41 ARC) *Ouvistes que foi dito: Olho por olho e dente por dente. Eu, porém, vos digo que não resistais ao mal; mas, se qualquer te bater na face direita, oferece-lhe também a outra; e ao que quiser pleitear contigo e tirar-te a vestimenta, larga-lhe também a capa; e, se qualquer te obrigar a caminhar uma milha, vai com ele duas.*

(Lucas 6:36-38 ARC) *Sede, pois, misericordiosos, como também vosso Pai é misericordioso. Não julgueis, e não sereis julgados; não condeneis, e não sereis condenados; soltai, e soltar-vos-ão. Dai, e ser-vos-á dado; boa medida, recalcada, sacudida e transbordando vos darão; porque com a mesma medida com que medirdes também vos medirão de novo.*

(Lucas 6:42 ARC) *Ou como podes dizer a teu irmão: Irmão, deixa-me tirar o argueiro que está no teu olho, não atentando tu mesmo na trave que está no teu olho? Hipócrita, tira primeiro a trave do teu olho e, então, verás bem para tirar o argueiro que está no olho de teu irmão.*

(Lucas 11:52 ARC) *Ai de vós, doutores da lei, que tirastes a chave da ciência! Vós mesmos não entrastes e impedistes os que entravam.*

Há uma mudança evidente na humanidade depois da morte de Jesus. Demorou milhões de anos até que Ele viesse como homem e, durante todo esse tempo, os seres humanos tinham avançado devagar em suas invenções, porém, em apenas 2020 anos desde que Ele andou por aqui, houve avanços a uma velocidade indescritível em nossas criações, principalmente tecnológicas, e isto tem total relação com o encerramento gradual de diversos ciclos de violência e castigo, antes vistos como normais, o que, por sua vez, acabou com muitos mitos e fez com que exista cada vez menos medo de tentar alcançar as *bananas em cima da escada*, ou, ao menos, de poder escolher quando é conveniente alcançá-las; porque o conhecimento de Deus, a ciência, elimina mistérios e traz verdade.

> (João 8:32 ARC) ...*e conhecereis a verdade, e a verdade vos libertará.*
>
> (Hebreus 2:14-15 ARC) *E, visto como os filhos participam da carne e do sangue, também ele participou das mesmas coisas, para que, pela morte, aniquilasse o que tinha o império da morte, isto é, o diabo, e livrasse todos os que, com medo da morte, estavam por toda a vida sujeitos à servidão.*

Dentre os ciclos de violência e castigo que se tornaram ilegais, século após século, depois da crucificação de Jesus, podemos citar a prática de escravizar povos inteiros, de torturar presidiários, de esposos baterem nas esposas consideradas rebeldes, e de queimarem alquimistas, acusados de serem *bruxos* ou *bruxas*. Tornar ilegal cada um desses atos dependeu de um grande e longo esforço de pessoas corajosas, com o coração verdadeiramente empático, que estavam dispostas a confrontar a violência considerada *normal*, assim como Jesus teve que confrontar o apedrejamento visto da mesma forma. É assim como ainda muitas pessoas têm se levantado, incluindo o projeto *Shalom Pompom*, para abolir as *palmadas educativas*, consideradas *normais*.

Na história mais recente, a escravidão de negros tirados da África nos mostrou que os religiosos, tanto na época de Jesus como na atualidade, foram e são os primeiros a levantar-se para defender as tradições de lei e castigo, já que muitos dos supremacistas brancos chamam a si mesmos de cristãos. Essa religiosidade leva pessoas a pensarem que existem aqueles que nascem para serem escravos, citando passagens bíblicas como Levíticos 25:44-45 ARC: *E, quanto a teu escravo ou a tua escrava que tiveres, serão das gentes que estão ao redor de vós; deles comprareis escravos e escravas. Também os comprareis dos filhos dos forasteiros que peregrinam entre vós, deles e das suas gerações que estiverem convosco, que tiverem gerado na vossa terra; e vos serão por possessão.*

Esse versículo do Antigo Testamento demonstra que Deus é a favor da escravidão? De maneira nenhuma, como mencionado anteriormente, a mentalidade daquela época estava ainda presa a uma condição mais primitiva, e Deus mandou certas instruções a Moisés, adequadas à capacidade de compreensão daquele momento, para colocar algo de ordem na civilização humana. Ao invés de estabelecer uma escravidão autoritária, há uma série de passagens em que Deus ensina que os senhores deveriam tratar com dignidade a seus servos, os quais, na prática, deveriam ser sustentados pelos primeiros. Também ensina que os segundos deveriam fazer seu trabalho honrando o sustento dado por seus senhores; mas o objetivo final de Deus sempre foi, e é, que todos sejamos livres através de Jesus e do Espírito Santo, que nos traz a verdade mediante educação, ciência e sabedoria, as quais nos permitem entender o mundo em que vivemos e as pessoas ao nosso redor, gerando empatia (amor).

> (Efésios 6:5-9 ARC) *Vós, servos, obedecei a vosso senhor segundo a carne, com temor e tremor, na sinceridade de vosso coração, como a Cristo, não servindo à vista, como para agradar aos homens, mas como servos de Cristo, fazendo de coração a vontade de Deus; servindo de boa vontade como ao Senhor e não como aos homens, sabendo que cada um receberá do Senhor todo o bem que fizer, seja servo, seja livre. E vós, senhores, fazei o mesmo para com eles, deixando as ameaças, sabendo também que o Senhor deles e vosso está no céu e que para com ele não há acepção de pessoas.*

Cada vez que o ser humano avança em ciência, em entender a verdade de toda a criação de Deus, é liberto; por outro lado, a ignorância nos enche de medo e este se traduz em violência e castigos para tentar controlar o que se desconhece. Imaginemos quão aterrorizante foi para os fariseus e doutores da Lei escutar um homem de aparência comum, semelhante a eles, dizendo que já não poderiam julgar os demais e nem tirar o pecado do meio deles aplicando castigos e apedrejamentos nos pecadores. Em suas mentes, esse homem era muito subversivo e estava dando abertura para que as pessoas começassem a pecar sem limites e se multiplicassem os adultérios, os roubos e outras desobediências às Leis que o próprio Deus tinha dado a Moisés. Para esses judeus, esse homem, que na verdade era o próprio Filho de Deus, tinha que ser atacado e morto porque tentava tirar de suas mãos o poder do castigo, com o qual acreditavam controlar o pecado.

É exatamente esta a reação que os religiosos têm quando ouvem que, da mesma forma que adultos já não são corrigidos fisicamente, as crianças também estão livres de castigos similares — porque Jesus tirou o pecado do meio de nós, não as palmadas —. Quem ama a lei e o castigo não entende a Graça, não conhece Jesus.

> (Mateus 10:34-36 ARC) *Não cuideis que vim trazer a paz à terra; não vim trazer paz, mas espada; porque eu vim pôr em dissensão o homem contra seu pai, e a filha contra sua*

> *mãe, e a nora contra sua sogra. E, assim, os inimigos do homem serão os seus familiares.*

Pessoas muito tradicionais e conservadoras pensam que o versículo anterior lhes dá permissão para criar intrigas julgando os desobedientes pelos seus pecados, mas, na realidade, Jesus está falando que Sua palavra libertadora causa tanto medo, que gera guerras entre uma geração antiga, mais primitiva e punitiva, e outra geração recente com mais conhecimento, amor e poder de decisão. A palavra de paz de Jesus é loucura para os que não conseguem entender o amor, que de nenhuma maneira é permissivo; ao contrário, quando de verdade experimentamos a empatia, não nos permitimos causar dor no próximo porque sentimos que estamos fazendo mal a nós mesmos.

> (Lucas 6:7-11 ARC) *E os escribas e fariseus atentavam nele, se o curaria no sábado, para acharem de que o acusar. Mas ele, conhecendo bem os seus pensamentos, disse ao homem que tinha a mão mirrada: Levanta-te e fica em pé no meio. E, levantando-se ele, ficou em pé. Então, Jesus lhes disse: Uma coisa vos hei de perguntar: É lícito nos sábados fazer bem ou fazer mal? Salvar a vida ou matar? E, olhando para todos ao redor, disse ao homem: Estende a mão. E ele assim o fez, e a mão lhe foi restituída*

> *sã como a outra. E ficaram cheios de furor, e uns com os outros conferenciavam sobre o que fariam a Jesus.*

Nos dias de hoje, numa grande quantidade de países, qualquer violência contra um adulto, e até mesmo contra animais, é condenada pela lei, mas existe um único elo que impede que os ciclos de violência e castigo sejam quebrados, porque essa violência ainda é vista como normal e necessária, assim como a escravidão era vista como normal e necessária: os castigos e as palmadas nas crianças.

As leis

> (Mateus 5:17-18 ARC) *Não cuideis que vim destruir a lei ou os profetas; não vim ab-rogar, mas cumprir. Porque em verdade vos digo que, até que o céu e a terra passem, nem um jota ou um til se omitirá da lei sem que tudo seja cumprido.*

Cada lei pressupõe um castigo ao ser desobedecida, e, no processo da crucificação de Jesus, todas as penalizações da Lei mosaica foram cumpridas em Seu corpo. Ele veio para que se cumprisse cada *jota* e *til* das leis, porém em ninguém mais que Nele mesmo. O castigo que nos traz a paz esteve sobre Ele; repito: *o castigo que nos traz a paz esteve sobre Ele*, e isto foi um divisor de águas para que passássemos da lei para a autorresponsabilidade.

> (Isaías 53:5 ARC) *Mas ele foi ferido pelas nossas transgressões e moído pelas nossas iniquidades; o castigo que nos traz a paz estava sobre ele, e, pelas suas pisaduras, fomos sarados.*

QUER DIZER QUE JÁ NÃO DEVEM EXISTIR LEIS?

Pensemos em algo que ocorre de maneira recorrente: cria-se uma lei que proíbe as empresas de demitirem funcionários por A motivo, e aparece um B número de pessoas que se aproveita das empresas alegando — de forma indevida — o motivo A para não ser despedido. Ou, cria-se uma lei obrigando as empresas a fazerem C coisa, e aparece um D número destas que encontra como burlar essa obrigação ou como pagar propina para não a cumprir.

Então, estabelecer a anarquia é o caminho? Não. A anarquia seria o objetivo final em uma sociedade perfeita, onde todos soubessem com exatidão o que devem fazer, mas isto é inalcançável neste mundo. As leis vão continuar existindo porque somos imperfeitos, porém o que Jesus veio ensinar-nos é que não temos que estar limitados a viver por regras fechadas e rituais de obediência, ao invés disto, devemos fazer o correto sem temer a lei, e escolher sentir empatia; do contrário, sempre será: *feita a lei, feita a trapaça*, ou: *quanto mais castigo, mais rebeldia.*

> (Isaías 1:5 ARC) *Por que seríeis ainda castigados, se mais vos rebelaríeis?*

No *Sermão da Montanha*, que se lê em Mateus 5:19-48, Jesus repete alguns dos Dez Mandamentos, já não com o objetivo de que as pessoas temam o apedrejamento ou algum castigo humano, mas para que criem um altíssimo padrão moral para elas mesmas, sejam responsáveis tanto pelos seus atos como pelas suas consequências, autorregulem suas emoções, e por fim, sejam independentes. **Essa é a Disciplina na Graça.**

> (Mateus 5:29 ARC) *Portanto, se o teu olho direito te escandalizar, arranca-o e atira-o para longe de ti, pois te é melhor que se perca um dos teus membros do que todo o teu corpo seja lançado no inferno.*

Já não temos que esperar que alguém venha arrancar nosso olho porque este nos escandalizou, nós mesmos devemos trabalhar o autocontrole e a autocrítica para dominar nosso corpo, nossa mente e nossas emoções, mas isto se torna muito mais difícil se na infância somos ensinados a temer a palmada, a punição e a ofensa. O único que conseguimos ao estabelecer para nossos filhos uma educação baseada só em regras, limitações e castigos, é que eles passem a criar sistemas para não serem pegos em coisas que, na maioria das vezes,

Castigo

nem sequer entendem o motivo de serem consideradas erradas, só sabem que não podem ser flagrados fazendo.

É muito fácil bater e castigar porque isso leva apenas alguns minutos, o difícil é ensinar o certo e o errado através do exemplo, da paciência e da lógica — na idade adequada — porque exige que vigilemos nossas próprias emoções e dediquemos tempo caminhando junto dos nossos filhos.

> (Romanos 4:15 ARA) *...porque a lei suscita a ira; mas onde não há lei, também não há transgressão.*

Nesse sentido, a ciência já nos mostrou que, na primeira infância, nosso cérebro organiza e estabelece a maior parte do comportamento que apresentaremos ao longo da vida. Como Paulo diz em sua carta aos romanos, a lei suscita a ira, e essa ira, causada por uma educação unicamente rígida na primeira infância, vivida de maneira sistemática, dia após dia, abre duas vias: o ódio contra si próprio, gerando baixa autoestima, ou aquele contra os pais, gerando rebeldia contra as autoridades.

Isso não quer dizer, de maneira nenhuma, que se deve deixar os filhos sem limites, fazendo tudo o que querem; trata-se de, antes de tudo, entender cada etapa de seu desenvolvimento e usar as ferramentas corretas para ensiná-los a fazer o melhor. Muitos adultos que se envolvem em relações abusivas, como agressores ou como vítimas, não fazem mais do que repetir padrões do que viveram na infância: uns pensando que têm direito de impor sua vontade e subjugar o outro através da agressão, e outros crendo que merecem a agressão sofrida porque se comportam mal com o parceiro, quem só conhece essa maneira violenta de *demonstrar amor*.

Considero que há dois *ministérios* de base para que a sociedade cresça e avance no aperfeiçoamento: o de *construção* e o de *restauração*. Nós, pais, somos líderes do ministério de construção do caráter dos nossos filhos e do ministério de restauração do nosso próprio caráter, já as autoridades governamentais devem ser líderes do ministério de construção da cidadania, através da escola, e do ministério de restauração dos cidadãos, através do sistema prisional. Enquanto os governos enxergarem as prisões apenas como um centro de castigo, a sociedade não ganhará nada com elas, só o alto custo de manter gente aprisionada que, na maioria das vezes, sairá pior do que entrou.

> (Isaías 42:6-7 ARC) *Eu, o Senhor, te chamei em justiça, e te tomarei pela mão, e te guardarei, e te darei por concerto do povo e para luz dos gentios; para abrir os olhos dos cegos, para tirar da prisão os presos e do cárcere, os que jazem em trevas.*
>
> (Mateus 25:39-40 ARC) *E, quando te vimos enfermo ou na prisão e fomos ver-te? E, respondendo o Rei, lhes dirá: Em verdade vos digo que, quando o fizestes a um destes meus pequeninos irmãos, a mim o fizestes.*

Com as pessoas que cometem crimes, as autoridades devem sim ser firmes e, de imediato, separá-las do convívio comum, pelo tempo necessário, para trabalhar nelas o desenvolvimento da empatia e mostrar o verdadeiro sentido da vida em sociedade. Em casos mais graves — como de psicopatia — nos quais o cérebro não consegue desenvolver empatia, ou de outros problemas neurológicos e de desvios sexuais — como crimes por pedofilia —, é possível que os detentos nunca possam voltar ao convívio em sociedade, mas muitos desses casos têm origem em famílias desestruturadas e poderiam ter sido evitados se o ciclo de violência tivesse sido interrompido logo na primeira infância. É mais fácil construir que reconstruir, porque este último exige romper as velhas estruturas; por isso, nós, pais e mães, podemos sentir-nos aliviados e felizes de que nosso ministério é ainda o mais leve e importante de todos.

> (Salmos 127:3-5 ARC) *Eis que os filhos são herança do Senhor, e o fruto do ventre, o seu galardão. Como flechas na mão do valente, assim são os filhos da mocidade. Bem-aventurado o homem que enche deles a sua aljava; não serão confundidos, quando falarem com os seus inimigos à porta.*

Por essa razão, a chave para uma sociedade que precise cada vez menos de leis e caminhe cada vez mais em direção à paz está nas crianças. A *noiva que vai estar pronta*, a geração que estará preparada para a volta de Jesus não será uma geração que odeia, ofende, julga, joga pedras, impõe leis e castiga — como fizeram os escribas e fariseus na primeira vinda de Jesus —; será uma geração ensinada a ser autorresponsável e autorregulada pela e para a empatia, que é o amor perfeito.

Nossos pais e avós não tiveram amplo acesso à psicologia comportamental, à neurologia, às imagens de como o cérebro ativa ou desativa certas áreas, nem a saber como os diferentes hormônios regulam diversas emoções; por isso, condutas do desenvolvimento normal das crianças lhes causavam medo. Os castigos e as palmadas eram a única ferramenta que conheciam para tentar controlá-las e ainda lidar com os afazeres dentro e fora de casa, mas hoje existe uma invenção maravilhosa que veio mudar tudo isso: a *internet*.

Deus tem urgência em encerrar os ciclos de castigo e este é o tempo que escolheu para que, como cristãos, eduquemos nossos filhos como Ele sempre planejou; hoje temos acesso à todas as ferramentas que precisamos para cumprir a boa obra de uma educação livre de medos.

> *(Lucas 1:17 ARC) e irá adiante dele no espírito e virtude de Elias, para converter o coração dos pais aos filhos e os rebeldes, à prudência dos justos, com o fim de preparar ao Senhor um povo bem disposto.*

Crianças

(Mateus 19:14 ARC) *Jesus, porém, disse: Deixai os pequeninos e não os estorveis de vir a mim, porque dos tais é o Reino dos céus.*

Jesus é apaixonado pelas crianças! Não há ninguém na Bíblia que as mencione tanto e com tanto amor, como Ele. Se foi capaz de defender das pedradas a mulher que cometeu adultério, que aos olhos da empatia é algo grave de praticar-se, conseguiríamos imaginar o que Ele faria para defender uma criança de uma palmada? Não é preciso pensar muito, a Bíblia já nos conta que Ele foi capaz de entregar sua própria vida para levar sobre si o castigo que merecíamos pelas nossas desobediências, e não há nesse *contrato* nenhuma *letra miúda* que diga que Seu sacrifício não inclui as crianças; muito pelo contrário, garante que das tais é o Reino dos Céus, sem nenhuma condição, porque não há pecados que possam ser atribuídos aos pequeninos.

Disciplinando na Graça

Ao contrário do que muitos pregam, as crianças não nascem com um *pecado original*.

> (Ezequiel 18:20 ARC) *A alma que pecar, essa morrerá; o filho não levará a maldade do pai, nem o pai levará a maldade do filho; a justiça do justo ficará sobre ele, e a impiedade do ímpio cairá sobre ele.*

Gosto muito do versículo a seguir porque, no meio de todos os ataques, perguntas e provocações que Jesus recebia por parte dos doutores da Lei, que buscavam matá-lo junto com Sua mensagem, e depois de pronunciar duras palavras contra Corazim, Betsaida e Cafarnaum — cidades onde as pessoas não receberam Sua palavra — é como se respirasse aliviado, fechasse os olhos e agradecesse pela esperança de renovação que trazem as crianças, para as quais vale a pena ensinar a paz, pois são um vaso completamente novo, que se pode encher com os ensinamentos da Verdade. Nelas e naqueles que são como crianças, curiosos e dispostos a aprender, é onde a mensagem de Jesus se torna frutífera, sem resistência.

> (Mateus 11:25 ARC) *Naquele tempo, respondendo Jesus, disse: Graças te dou, ó Pai, Senhor do céu e da terra, que ocultaste estas coisas aos sábios e instruídos e as revelaste aos pequeninos.*

Infelizmente, ainda hoje existem muitos livros religiosos que colocam as crianças em uma categoria inferior, como se nós adultos — que cometemos erros conscientes — estivéssemos livres de castigos físicos e merecêssemos toda a misericórdia da Salvação; enquanto as crianças, as quais — em especial na primeira infância — erram por ignorância, fossem feras selvagens que chegam ao mundo com o único propósito de desafiar os pais, devendo ser dominadas através da dor.

Alguns livros e líderes chegam a recomendar aos pais que iniciem a *disciplina física* em bebês de apenas 6 meses de nascidos ou *assim que os pais perceberem que o bebê já entende*. Não é de se espantar que a sociedade continue tão violenta e que muitas pessoas ainda pensem que a ciência e o cristianismo são inimigos. Uma criança não é uma fera a ser domada, mas um adulto em formação.

Queremos entregar para a sociedade um adulto ferido ou emocionalmente inteligente? À diferença dos animais, nós humanos dependemos em grande medida da nossa autoimagem, nossa autoestima, para lidar com os problemas cotidianos, mas as agressões físicas e verbais minam nosso amor-próprio.

> (Mateus 18:1-4 ARC) *Naquela mesma hora, chegaram os discípulos ao pé de Jesus, dizendo: Quem é o maior no Reino dos céus? E Jesus, chamando uma criança, a pôs no meio deles e disse: Em verdade vos digo que, se não vos*

> *converterdes e não vos fizerdes como crianças, de modo algum entrareis no Reino dos céus. Portanto, aquele que se tornar humilde como esta criança, esse é o maior no Reino dos céus.*

Na nossa sociedade, usam-se frases de forma pejorativa como: *você é muito criança*; *parece um bebê chorão*; *isso é muito infantil*; mas Jesus disse que aqueles que não se tornarem como crianças não entrarão no Reino dos Céus. Se as atitudes delas fossem tão ruins como a sociedade insiste em classificar, por que Ele nos diria que voltássemos a ser como crianças? Isso não significa que devemos aplaudir cada ação dos nossos filhos ou colocá-los em um altar para adorá-los, mas sim que devemos deixar de enxergá-los como uma ameaça e começar a vê-los como Deus o faz: corações sem mácula que erram por desconhecimento, que precisam de um pastor para guiá-los no caminho onde devem andar, e que são a esperança para que conheçamos a face do Pai.

Assim como Jesus nos chamou para sermos seus discípulos e imitadores, nossa missão como pais é ser *discipuladores* e exemplo para nossos filhos — esta é a raiz da palavra *disciplina*, tão mal utilizada pelos que defendem o castigo físico —. Por mais que muitos ainda tenham dificuldade de entender, eles também são nossos irmãos em Cristo e merecem o mesmo respeito que qualquer outro de nós.

> (Mateus 23:8-9 ARA) *Vós, porém, não sereis chamados mestres, porque um só é vosso Mestre, e vós todos sois irmãos. A ninguém sobre a terra chameis vosso pai; porque só um é vosso Pai, aquele que está nos céus.*

Estamos acostumados a estudar, preparar-nos e capacitar-nos para exercer nossa profissão ou nossos hobbies com excelência, mas achamos que educar uma criança para tornar-se um adulto minimamente independente, responsável, equilibrado e capaz é algo que acontecerá naturalmente e no instante em que nos tornamos mães e pais. Deus é o mesmo ontem, hoje e sempre será, mas nós humanos não o somos, seguimos avançando na renovação do nosso entendimento e precisamos buscar com fervor pelo Espírito Santo para não ficarmos presos a métodos que, já se demonstrou, trazem para nossas vidas mais danos que benefícios a longo prazo. Mais que doações, ou obras de concreto, a maior contribuição que podemos fazer para a sociedade é criar adultos emocionalmente saudáveis, que não ferirão os demais, mas curarão.

> (Mateus 18:5-6 ARA) *E quem receber uma criança, tal como esta, em meu nome, a mim me recebe. Qualquer, porém, que fizer tropeçar a um destes pequeninos que creem em mim, melhor lhe fora que se lhe pendurasse ao pescoço uma grande pedra de moinho, e fosse afogado na profundeza do mar.*

Como comentei no capítulo anterior, Deus tem urgência em encerrar os ciclos de violência e, tanto Jesus quanto a Ciência — que é o próprio Espírito Santo entregando o conhecimento de Deus — nos contam que as crianças são fundamentais nessa missão. O comportamento delas nos dá medo quando não buscamos conhecer a verdade sobre seu amadurecimento, a qual nos liberta de pensar que, como pais, temos o dever de acelerar ou saltar as fases pelas quais toda criança passará. Gostemos ou não, Deus é muito organizado; assim como num panorama macro da história estamos vivendo diferentes etapas de desenvolvimento, num individual nosso cérebro também passa por diferentes etapas desde que somos concebidos; isto molda nosso corpo, nossa maneira de pensar, de comportar-nos e de reagir diante das situações boas ou más que vivemos na vida.

Sendo assim, mudar padrões de comportamento que se estabeleceram na infância, torna-se uma tarefa muito mais difícil quando nos tornamos adultos; não é impossível porque nosso cérebro é plástico e está em constante aprendizado, mas, às vezes, passamos anos e anos enfrentando os mesmos problemas na vida profissional, sentimental ou no trato com diferentes autoridades, pensando que somos injustiçados, incompreendidos ou azarados, sem percebermos que apenas estamos repetindo a maneira como nos ensinaram ou condicionaram a lidar com nossos problemas.

Por exemplo, muitos aprenderam na infância que sua opinião não era importante e foram rotulados, ofendidos ou ridicularizados quando expressavam algo diferente dos adultos, porque essa diferença de opinião gerava nestes o medo de perderem a autoridade ou o controle sobre seu comportamento. Na vida cotidiana e na internet são esses mesmos filhos feridos que se encarregam de rotular, ofender e ridicularizar alguém que traz um ponto de vista que lhes desperta medos, entre eles, o de assumir que pode haver algo de errado na maneira como atuam.

> (Salmos 103:13-14 ARC) *Como um pai se compadece de seus filhos, assim o Senhor se compadece daqueles que o temem. Pois ele conhece a nossa estrutura; lembra-se de que somos pó.*

Nosso cérebro é maravilhosamente complexo. Levou milhões de anos para que o homem passasse de usar pedra lascada a pedra polida em suas ferramentas. Por que então achamos que a criança deve entender e seguir nossas instruções de imediato, tendo ela chegado ao mundo há tão pouco tempo? Deus se compadece de nós porque conhece nossa estrutura, será que nós nos preocupamos em conhecer a da criança para ensiná-la como Jesus nos ensina? Se a maneira como falamos para que faça ou deixe de fazer algo não está funcionando, por que continuamos falando da mesma forma? Se nosso filho está em perigo por algo a seu alcance, que ele não consegue entender que machuca, por que não o tiramos da vista dele?

A maioria dos *problemas* que os adultos dizem ter com as crianças se dá porque estão exigindo que o cérebro destas funcione como se fosse o daqueles, ao invés do cérebro do adulto tentar entender como pensa o da criança. Existem também casos em que esta tem alguma condição neurológica na qual é preciso a intervenção de um profissional; portanto, seja por uma fase normal de desenvolvimento ou por um problema neurológico, nada justifica, nos dias de hoje — com tantas ferramentas a nosso alcance — pensar que temos o poder de corrigir condutas que nos causam medo através da agressão, como se fazia com os desobedientes no Antigo Testamento.

Na página do *Shalom Pompom*, no Instagram, às vezes recebo comentários de pessoas que se sentem profundamente confrontadas quando escrevo ou digo que as *palmadas, varadas, chineladas e pedradas* foram abolidas por Jesus. Elas acreditam que a criança *merece* esses tipos de castigos, da mesma maneira como acreditam que elas próprias *mereceram* ser agredidas quando eram pequenas.

> (João 8:37-38 ARC) *Bem sei que sois descendência de Abraão; contudo, procurais matar-me, porque a minha palavra não entra em vós. Eu falo do que vi junto de meu Pai, e vós fazeis o que também vistes junto de vosso pai.*

É esse o ciclo de castigo que tenho citado tantas vezes: essas pessoas vivem com a certeza de que podem julgar quem merece, e quem não, ser castigado porque isso é o que viram junto de seus pais. No primeiro momento em que julgam um erro na atitude do próximo, sua criança interior se apressa em reproduzir o castigo que lhes foi aplicado, ignorando por completo que elas mesmas vivem a imerecida Graça de Jesus. Estas pessoas pecam — porque todos pecamos —, fecham os olhos e agradecem ou pedem pelo sangue de Jesus que limpa suas desobediências; mas não conseguem aplicar esta mesma misericórdia com os filhos, que, como mencionei, são também nossos irmãos em Cristo, nossos companheiros e nossos próximos, a quem devemos amar como a nós mesmos.

> (Mateus 18:23-35 ARC) *Por isso, o Reino dos céus pode comparar-se a um certo rei que quis fazer contas com os seus servos; e, começando a fazer contas, foi-lhe apresentado um que lhe devia dez mil talentos. E, não tendo ele com que pagar, o seu senhor mandou que ele, e sua mulher, e seus filhos fossem vendidos, com tudo quanto tinha, para que a dívida se lhe pagasse. Então, aquele servo, prostrando-se, o reverenciava, dizendo: Senhor, sê generoso para comigo, e tudo te pagarei. Então, o senhor daquele servo, movido de íntima compaixão, soltou-o e perdoou-lhe a dívida. Saindo, porém, aquele servo, encontrou um dos seus conservos que lhe devia cem*

dinheiros e, lançando mão dele, sufocava-o, dizendo: Paga-me o que me deves. Então, o seu companheiro, prostrando-se a seus pés, rogava-lhe, dizendo: Sê generoso para comigo, e tudo te pagarei. Ele, porém, não quis; antes, foi encerrá-lo na prisão, até que pagasse a dívida. Vendo, pois, os seus conservos o que acontecia, contristaram-se muito e foram declarar ao seu senhor tudo o que se passara. Então, o seu senhor, chamando-o à sua presença, disse-lhe: Servo malvado, perdoei-te toda aquela dívida, porque me suplicaste. Não devias tu, igualmente, ter compaixão do teu companheiro, como eu também tive misericórdia de ti? E, indignado, o seu senhor o entregou aos atormentadores, até que pagasse tudo o que devia. Assim vos fará também meu Pai celestial, se do coração não perdoardes, cada um a seu irmão, as suas ofensas.

Uma pesquisa publicada no *Journal of Family Psychology* — na qual participaram 160 mil crianças — demonstrou que a aplicação de castigos físicos no corpo, para corrigir condutas consideradas equivocadas pelos pais, geram, como consequência, crianças mais agressivas e antissociais. Estes efeitos negativos na formação da personalidade acabam levando-as a resistir e fazer o contrário do que querem os pais ou cuidadores, além de viverem com medo e ansiedade, o que pode causar problemas emocionais a curto prazo. Ao ofender ou bater em uma criança, os pais estão afirmando que a violência, seja verbal ou física, é um comportamento aceitável.

Jane Nelsen, quem desenvolveu o método da Disciplina Positiva, aponta que para educar os filhos requer-se firmeza e amabilidade. Este é o grande desafio do equilíbrio perfeito que tem efeitos positivos a longo prazo, criando adultos que entendem por que existem os limites e escolhem fazer algo porque querem e não porque sentem medo de serem punidos. Nelsen também aborda muito o tema das consequências lógicas e naturais, as quais fazem parte da firmeza que os pais devem exercer para estabelecer limites a seus filhos.

Um exemplo de limite, baseado no método abordado por Nelsen, seria que — na idade adequada — se dissesse ao filho que no dia seguinte ele precisa levantar-se às 8:00h e tomar café da manhã para sair às 9:30h; caso ele não se levantasse no horário combinado, os pais poderiam dizer-lhe que infelizmente não vai poder tomar café antes de sair porque, se o fizer, todos vão se atrasar. Isto seria um efeito lógico para um acordo feito com antecedência e que tem uma relação real e direta entre causa e consequência, o que é muito diferente de dizer ao filho que não poderá tomar café da manhã porque no dia anterior ele não guardou os brinquedos. Percebeu a diferença?

Uma situação de experiência da consequência natural seria que, num passeio, o pai ou a mãe não emprestassem seu próprio casaco ao filho caso este tivesse se recusado a levar um e começasse a sentir frio. É muito importante ser coerente ao deixar os filhos vivenciarem as consequências de suas decisões, sem abrir exceções só porque num dia estamos de melhor humor; também é muito importante ser assertivo e amável na maneira como comunicar que, o que estão *colhendo*, é algo que eles mesmos *plantaram*. Dizer: *está vendo?! Você não me escuta, tenho que repetir mil vezes e parece que estou falando com uma porta; agora vai passar frio só para aprender a me obedecer!*, tira todo o protagonismo da criança para aprender com seus próprios erros e coloca-o sobre o adulto, quem se converte no castigador pelo erro cometido. Ao invés disso, o simples fato de, com amor e firmeza, dizer: *filho, entendo que você está sentindo frio, mas isso é o que acontece quando saímos sem levar casaco; teremos que terminar o passeio e voltar para casa*, tem muito mais efeito para que ele reflita e lembre-se disso numa próxima ocasião.

Assim, dar à criança uma educação com dignidade, respeito e empatia não tem nada a ver com deixá-la fazer o que quiser, mas com ensiná-la a encontrar vontade dentro de si mesma para querer fazer a coisa certa. Uma mentalidade punitiva, como a dos fariseus e dos religiosos, seria capaz de dizer que Deus foi *superprotetor* com a humanidade quando entregou seu próprio filho para morrer pelos nossos pecados, quando — em realidade —, permitir que cada um carregue o peso de sua própria cruz de responsabilidade, pelas escolhas que faz, é algo que exige muita firmeza por parte de um pai amoroso como Ele é.

Deixar um filho fazer o que quiser é, na verdade, preguiça; como bater, é um caminho confortável que não exige nenhum esforço para pensar antes de agir, para raciocinar sobre causas e consequências, e para elaborar planos de prevenção e correção. Deixar os outros fazerem tudo o que querem ou bater neles exige exatamente o mesmo esforço: nenhum.

> (Eclesiastes 10:18 ARC) *Pela muita preguiça se enfraquece o teto, e pela frouxidão das mãos goteja a casa.*

Um erro bastante comum, tanto dos pais exageradamente amorosos, quanto dos que são firmes em excesso, é não dar opções aos filhos. Os primeiros o fazem para facilitar-lhes a vida e por terem dó de vê-los fazendo qualquer esforço; já os segundos agem assim por falta de paciência ou por acharem que só os adultos sabem o que é o melhor para as crianças. Por exemplo, pais exageradamente amorosos podem dizer: *filho, já deixei sua roupa separada para o passeio de amanhã, você só precisa levantar e se trocar*, enquanto os pais firmes em excesso podem dizer: *não! Amanhã você vai colocar a roupa que eu digo que você tem que vestir. Nunca vi criança se mandar sozinha!* Ambos os extremos acham que são muito diferentes, mas são iguais, pois caem no mesmo erro de tirar a autonomia da criança. Um filho se desenvolve melhor com pais disponíveis que lhe deem opções limitadas: *filho, amanhã vamos passear, vejamos como está o clima? Olha só, vai fazer calor, separa lá sua bermuda azul-marinho ou a laranja, qual você prefere?*

Vejamos estes exemplos:

- **Pais excessivamente amorosos.** *Uf! Já arrumei a casa toda, estava uma bagunça.*

- **Pais excessivamente firmes.** *Você vai lavar a louça sim, seu preguiçoso! Está achando que sou sua empregada? Ou você lava ou vai ficar sem sair de casa por 1 semana!*

- **Pais equilibrados.** *Filho, todo mundo em casa tem que colaborar, você prefere lavar a louça ou colocar as roupas para lavar? Quando terminarmos, podemos descansar juntos ou você pode ir brincar lá fora;* ou ainda: *Filho, eu também não gosto de lavar os pratos, mas, se não o fizermos, não teremos em que comer depois. Enquanto você não lavar, não poderemos nem comer nem tomar nada.*

Pais muito amorosos fazem tudo pelo filho por **medo** dele sofrer as consequências de suas ações; pais muito firmes obrigam-no a fazer o que eles querem, por quê? pelo mesmo **medo** de que o filho sofra as consequências de suas ações. O medo e a insegurança, tanto dos pais muito amorosos, quanto dos muito firmes, acabam por causar mais danos do que benefícios na formação do caráter dos filhos. Pais assertivos buscam ser equilibrados, amorosos e firmes; se aperfeiçoam como Cristo é perfeito, e Cristo nos convida a ser como Ele é, não nos colocando um peso de viver na perfeição, mas ensinando-nos o caminho do aperfeiçoamento.

Como cristãos, nosso foco é ser como Jesus, a cruz é o nosso Norte, e isto nos liberta do peso de pretender que somos nós quem decidimos as consequências que nossos filhos viverão; mas, ao mesmo tempo, nos empodera para convidá-los a caminharem conosco no caminho do aperfeiçoamento.

Há duas frases famosas de Maria Montessori que explicam muito bem por que os pais devem guiar os filhos, mas não obrigar, e por que não devem temer a que vivam as consequências de suas ações:

> " *Qualquer ajuda desnecessária é um obstáculo na aprendizagem*".

> " *O maior instinto das crianças é precisamente se libertar do adulto*".

O caminho natural da criança é tornar-se um ser independente de seus pais, portanto, não a deixar fazer nada, seja executando tudo em seu lugar ou proibindo-a de fazer qualquer coisa na base do castigo, atrapalha esse processo.

> (Isaías 48:17 ARC) *Assim diz o Senhor, o teu Redentor, o Santo de Israel: Eu sou o Senhor, o teu Deus, que te ensina o que é útil e te guia pelo caminho em que deves andar.*

A maior arma que os pais têm para educar seus filhos é a mesma que Jesus usa conosco: o *exemplo*. Como tudo até agora, a Bíblia já o tinha revelado, mas o ser humano precisava entender esse conceito pela sua própria inteligência.

Foi assim como a ciência descobriu os *neurônios-espelho*. O fato aconteceu por acaso com a equipe do neurocientista Giacomo Rizzolatti, da Universidade de Parma, na Itália. Essa equipe vigiava, em um monitor, a atividade dos neurônios na região cerebral responsável pelos movimentos e, para isso, colocou eletrodos na cabeça de um macaco. Cada vez que o primata cumpria uma tarefa — como recolher uvas-passa com os dedos —, neurônios no córtex pré-motor, nos lobos frontais, disparavam e o monitor emitia um barulho. A surpresa foi quando um aluno entrou no laboratório, levou um sorvete à boca e o monitor apitou, mas o macaco estava imóvel. Então eles observaram que, sempre que o macaco assistia ao experimentador ou a outro macaco repetir essa cena com outros alimentos, os neurônios disparavam; ou seja, o simples fato de assistir a alguém realizar uma ação, ativava o cérebro do macaco, como se ele mesmo o fizesse.

Posteriormente, exames de neuroimagem mostraram que nós, humanos, temos neurônios-espelho muito mais sofisticados e flexíveis que os dos macacos. A equipe de outro neurocientista, Giovanni Buccino, também da Universidade de Parma, usou ressonância magnética funcional (RMF) para medir a atividade cerebral de voluntários, enquanto assistiam a um vídeo que mostrava sequências de movimentos de boca, mãos e pés. O que observaram foi que, dependendo da parte do corpo que aparecia na tela, o córtex motor dos espectadores se ativava com maior intensidade na mesma região da imagem no vídeo, ainda que eles se mantivessem imóveis por completo. Como conclusão, constatou-se que o cérebro associa a visão de movimentos alheios ao planejamento de seus próprios movimentos. Rizzolati disse que *nosso conhecimento do sistema motor e a nossa capacidade de "espelhamento" nos permitem compartilhar uma esfera comum de ação com os outros, dentro da qual cada ato motor ou cadeia de atos motores, sejam eles nossos ou dos demais, são detectados de imediato e compreendidos intencionalmente antes e independentemente de qualquer mentalização.*

Crianças

> (Tito 2:6-8 NVI) *Da mesma maneira, encoraje os jovens a serem prudentes. Em tudo seja você mesmo um exemplo para eles, fazendo boas obras. Em seu ensino, mostre integridade e seriedade; use linguagem sadia, contra a qual nada se possa dizer, para que aqueles que se opõem a você fiquem envergonhados por não poderem falar mal de nós.*

Essa descoberta dos neurônios-espelho é tão revolucionária que não só explica como, desde que somos crianças, nosso cérebro aprende e copia os demais pelo simples fato de observar, como também demonstra cientificamente a maneira como nosso cérebro desenvolve o amor perfeito, a empatia. No momento em que nosso cérebro identifica outra pessoa chorando, por exemplo, somos capazes de, através dos neurônios-espelho, sentir essa dor em nós mesmos.

> (João 5:19 ARC) *Mas Jesus respondeu e disse-lhes: Na verdade, na verdade vos digo que o Filho por si mesmo não pode fazer coisa alguma, se o não vir fazer ao Pai, porque tudo quanto ele faz, o Filho o faz igualmente.*

Conhecendo o valioso trabalho de pessoas como Jane Nelsen, Maria Montessori e Giacomo Rizzolatti, podemos concluir que a maior loucura dos adultos é querer ensinar a criança a não bater, batendo nela; a não ofender, ofendendo-a e a fazer boas escolhas não lhe dando nenhuma opção. Instruir *no caminho* em que se deve andar implica que também estamos percorrendo a mesma rota.

> (Provérbios 22:6 ARC) *Instrui o menino no caminho em que deve andar, e, até quando envelhecer, não se desviará dele.*

Como indiquei no capítulo anterior, a primeira infância é a mais importante na vida de todos nós. É nessa fase que o cérebro organiza muitas das conexões neurais que vamos carregar pelo resto da vida; é também quando moldaremos a imagem que temos de nós mesmos, que registraremos como reagir diante de diferentes desafios, que receberemos um bombardeio de hormônios, e também é, possivelmente, a fase mais frustrante que enfrentaremos, já que, ao mesmo tempo em que nossos hormônios nos impulsionam a fazer algo que nos dá uma recompensa imediata, aprenderemos que nem todas as recompensas imediatas nos convêm.

Alguma vez você parou para pensar que, mesmo depois de adultos, temos muita dificuldade em resistir às recompensas imediatas? Como podemos então exigir que uma criança o faça com excelência e, ainda, castigá-la quando falha nesse ponto? É muito cruel. Por isso, não precisamos propositalmente criar situações de frustração para a criança, elas acontecerão o tempo todo; o que sim precisamos é entender em qual fase de desenvolvimento está e aplicar ferramentas de acordo a ela.

Entrarei mais em detalhes sobre cada fase nos seguintes livros desta série, mas quero deixar aqui uma breve pincelada de conceitos; para isso, tomarei emprestado nomes parecidos aos que o neurocientista Paul MacLean utilizou em sua teoria do cérebro trino, elaborada em 1970. Atualmente, esta teoria, que não fala de crianças em específico, mas trata de explicar a evolução do cérebro humano, está em desuso, pois os neurologistas a consideram muito simplista e com várias lacunas explicativas, mas gostei muito quando ouvi a psicóloga brasileira, Fernanda Perim, utilizar essa nomenclatura para falar sobre as fases de desenvolvimento infantil. Portanto, usarei termos similares para dividir a primeira infância em: fase *primitiva*, fase *egoísta* e fase *empática*.

- **Primitiva** (de recém-nascido até 2 anos). Tudo no bebê lhe desperta o instinto de sobrevivência, não sabe o que é cada sentimento e quanto tempo durará. Para ele, fome, sono e dor são ameaças de vida e vai chorar até que seus cuidadores supram sua necessidade, fazendo com que se sinta seguro, porque é a única maneira que tem para expressar-se. Se ele não chorasse, o que mais poderia fazer para pedir ajuda?

- **Egoísta** (de 2 a 5 anos). Com a camada primitiva já estabelecida, o cérebro da criança agora organiza a límbica; ou seja, as emoções. Compreende que existe, que é um indivíduo, e precisa descobrir seus gostos, medos, preferências e desejos para, depois, entender melhor essas mesmas particularidades das pessoas à sua volta. A criança está centrada em si, está egoísta, não porque de maneira consciente escolhe sê-lo, mas porque seu cérebro está aprendendo a regular suas emoções. Esta é talvez a fase mais desafiadora para os pais, pois estes veem aquele bebezinho risonho e fofo que conheciam tornar-se uma criança com muitas vontades, passando por picos de emoções conhecidas como *birra*.

- **Empática** (a partir de 5 anos). Já ouviu falar que, depois de superar uma tribulação, conseguimos ajudar outros a superar o mesmo problema? Pois é, depois de passar pela fase egoísta, de saber o que lhe causa dor e alegria, o cérebro da criança entra na fase empática: ela percebe que existe o próximo e outros seres à sua volta que também sentem dor e alegria, começa a perguntar o porquê de tudo — às vezes até mesmo com 4 anos — e frases como: *não pode bater no amiguinho porque ele fica triste,* finalmente começam a fazer mais sentido, pois ela já mapeou esse sentimento em seu cérebro. É importante considerar que existe uma diferença entre a piedade e a empatia. Desde a etapa egoísta, a criança é capaz de ver uma pessoa chorando e ser movida pela piedade a dar-lhe um beijo ou a tentar socorrê-la de alguma forma, mas isso acontece porque vê na frente dela, de forma concreta, que alguém talvez precise de ajuda. A *empatia total*, chamemos assim, é a capacidade de sentir o que o outro sente — de forma abstrata — só com imaginar ou pensar nele, e isto exige muito mais do cérebro; por isso, só na fase empática é quando a criança está, por fim, preparada para estabelecer conversas mais complexas que envolvam imaginar as causas e consequências.

Agora, façamos um paralelo das fases do amadurecimento do amor — que mencionei no primeiro capítulo do livro — com as fases do desenvolvimento infantil — que acabo de explicar — para entender quais *bondades* podemos esperar dos nossos filhos em cada fase ou quais delas podemos ajudá-los a desenvolver:

FASE PRIMITIVA

Fé. Total confiança e dependência.

Virtude. Sem intenção de fazer o mal.

Ciência. Curiosidade para aprender.

Temperança. Moderação, não pedir mais do que precisa.

FASE EGOÍSTA

Paciência. Tratar de entender que existe o tempo e o futuro.

Piedade. Enxergar quando alguém precisa de ajuda.

FASE EMPÁTICA

Fraternidade. Ter consciência de fazer parte de uma família e de uma comunidade.

Amor / Empatia. Usar todas as habilidades anteriores para imaginar e sentir a dor ou a alegria de qualquer outra pessoa, mesmo que não esteja presente, sem se importar se é amigo ou inimigo, e tomar uma ação baseada nisso.

Na época dos nossos pais e avós, a referência mais acessível que se tinha para exercer a paternidade e a maternidade eram as próprias experiências, por isso, repetiam-se métodos e tradições familiares baseados em conselhos de parentes, vizinhos e amigos.

Hoje em dia, muitas pessoas insistem em usar o argumento: *ah, mas para mim deu certo,* ou: *me bateram e eu não morri,* para representar uma realidade universal, mas a ciência justamente o que faz é colocar à prova os métodos já conhecidos, observá-los durante anos e tomar uma amostra muito mais numerosa do que se considera como algo que deu certo ou deu errado. Assim, trata-se de encontrar caminhos que funcionem melhor que outros. Logo, quando nos fechamos dentro da nossa própria realidade e tentamos avaliar o mundo só pelo nosso limitado ponto de vista, perdemos a chance de descobrir coisas maravilhosas que Deus tem para ensinar-nos. Podemos criar filhos sobreviventes, podemos ser apenas sobreviventes, ou podemos ser a boa árvore que criará filhos fortes o suficiente para decidirem ser um bom exemplo e fazerem deste mundo um lugar com mais amor e menos pedras.

> (Lucas 6:43-44 ARC) *Porque não há boa árvore que dê mau fruto, nem má árvore que dê bom fruto. Porque cada árvore se conhece pelo seu próprio fruto; pois não se colhem figos dos espinheiros, nem se vindimam uvas dos abrolhos.*
>
> (Salmos 145:4 ARC) *Uma geração louvará as tuas obras à outra geração e anunciará as tuas proezas.*

Obediência

> (Mateus 28:19-20 NVI) *Portanto, vão e façam discípulos de todas as nações, batizando-os em nome do Pai e do Filho e do Espírito Santo, ensinando-os a obedecer a tudo o que eu ordenei a vocês. E eu estarei sempre com vocês, até o fim dos tempos.*

Uma das perguntas que recebo com mais frequência na página do *Shalom Pompom*, no Instagram, é: *ok, não vou castigar meu filho, mas como faço para ele me obedecer?*

Para respondê-la, temos que entender que existem dois tipos de obediência: a *cega* e a que se presta *pela confiança*. A primeira se dá quando obedecemos a uma ordem sem pensar nem questionar; a segunda, quando enxergamos uma pessoa como detentora de tanta sabedoria, bons objetivos e conhecimento, tantas virtudes e autoridade, que decidimos seguir suas instruções e seus conselhos pelo tempo que dure essa confiança ou enquanto o que ela diz faça sentido para nós. Você consegue imaginar qual é a que devemos construir com nossos filhos?

Na Bíblia temos muitos exemplos relacionados à obediência e quero ressaltar estes personagens: Abraão, Sadraque, Mesaque, Abede-Nego e Daniel.

> (Gênesis 22:2 ARC) *E* (Deus) *disse* (a Abraão): *Toma agora o teu filho, o teu único filho, Isaque, a quem amas, e vai-te à terra de Moriá; e oferece-o ali em holocausto sobre uma das montanhas, que eu te direi.*

> (Daniel 3:16-18 ARC) *Responderam Sadraque, Mesaque e Abede-Nego e disseram ao rei Nabucodonosor: Não necessitamos de te responder sobre este negócio. Eis que o nosso Deus, a quem nós servimos, é que nos pode livrar; ele nos livrará do forno de fogo ardente e da tua mão, ó rei. E, se não, fica sabendo, ó rei, que não serviremos a teus deuses nem adoraremos a estátua de ouro que levantaste.*
>
> (Daniel 6:13 ARC) *Então, responderam e disseram diante do rei: Daniel, que é dos transportados de Judá, não tem feito caso de ti, ó rei, nem do edito que assinaste; antes, três vezes por dia faz a sua oração.*

Se seu pai, sua mãe, ou outra autoridade em sua vida pedisse para você sacrificar seu filho, você obedeceria? Provavelmente (tomara) sua resposta seja: *não*, e isto não quer dizer que você está sendo rebelde, só significa que sabe usar seu senso crítico para rejeitar um pedido indevido feito por outro ser humano; mas se Deus se revelasse de maneira clara e lhe pedisse o mesmo que pediu a Abraão, as chances de que você obedecesse seriam muito maiores, pois é provável que você acredite que somente Ele tem todo o poder e é dono da vida e da morte.

Muitos cristãos usam o versículo de Romanos 13:1 para justificar todo tipo de autoritarismo sobre seus filhos ou outros subordinados, mas esquecem que Sadraque, Mesaque, Abede-Nego e Daniel desobedeceram a uma ordem direta do rei (autoridade humana em suas vidas) quando este os proibiu de adorar ao Senhor, permanecendo ainda inocentes aos olhos de Deus.

> (Romanos 13:1 ARC) *Toda alma esteja sujeita às autoridades superiores; porque não há autoridade que não venha de Deus; e as autoridades que há foram ordenadas por Deus.*

Portanto, não devemos obedecer cegamente às autoridades humanas de nossa vida, devemos fazê-lo de forma racional; então, por que pensamos que nossos filhos devem obedecer-nos sem nenhum questionamento, como se nós mesmos fôssemos poderosos o suficiente para saber, o tempo todo, o que é o melhor para eles? Por mais que pensemos o contrário, nem sempre saberemos o que é o melhor para nossos filhos porque não somos o Deus conhecedor do passado, do presente, do futuro, do coração e dos pensamentos dos homens.

Nesse sentido, a Bíblia nos conta que Jessé, pai de David, não se lembrou dele quando o profeta Samuel foi à sua casa para ungir o próximo rei. Não quer dizer que Jessé era um mau pai, mas é uma clara demonstração de que seu julgamento de autoridade paterna não foi o melhor e, se não fosse pelo firme propósito de Deus, David poderia ter vivido uma vida inteira sendo apenas um pastor de ovelhas.

> (1 Samuel 16:11 ARC) *Disse mais Samuel a Jessé: Acabaram-se os jovens? E disse: Ainda falta o menor, e eis que apascenta as ovelhas. Disse, pois, Samuel a Jessé: Envia e manda-o chamar, porquanto não nos assentaremos em roda da mesa até que ele venha aqui.*

No capítulo anterior, apontei a importância de dar opções para nossos filhos e isto é justamente o que Deus faz conosco; permite-nos escolher, dá-nos livre arbítrio. Se quisermos, podemos viver uma vida inteira sem o segui-lo, não somos obrigados a crer Nele; mas quando acreditamos em Sua onipotência, onisciência e onipresença, ou seja, quando conhecemos Seu poder, decidimos obedecê-lo.

Como podemos nós, humanos imperfeitos, obrigar a qualquer outro humano, seja criança ou adulto, a seguir-nos cegamente se o próprio Deus perfeito não obriga ninguém a fazê-lo? Nossa confiança Nele é incondicional, porque é o *Eu Sou*, mas nossa confiança em qualquer outra pessoa, seja uma autoridade ou um subordinado, pode ser construída e destruída a qualquer momento porque, como seres humanos, não somos nada.

> (Jeremias 17:5 ARC) *Assim diz o Senhor: Maldito o homem que confia no homem, e faz da carne o seu braço, e aparta o seu coração do Senhor!*

> (Isaías 64:6 ARC) *Mas todos nós somos como o imundo, e todas as nossas justiças, como trapo da imundícia; e todos nós caímos como a folha, e as nossas culpas, como um vento, nos arrebatam.*

Assim, muitos assumem a maternidade ou paternidade como um passe livre para fazer o que querem com seus filhos e, diariamente, dão *carteiradas* nas crianças para reafirmar sua autoridade, tal como fazem os chefes que acreditam que podem exigir qualquer coisa de seus funcionários; ou os homens que supõe que a submissão das mulheres significa aceitar todo tipo de tratamento de seus maridos; ou os governantes que usam as leis para submeter uma população inteira às suas atitudes corruptas.

> (Isaías 10:1-2 ARC) *Ai dos que decretam leis injustas e dos escrivães que escrevem perversidades, para prejudicarem os pobres em juízo, e para arrebatarem o direito dos aflitos do meu povo, e para despojarem as viúvas, e para roubarem os órfãos!*

É certo que somos uma autoridade na vida dos filhos, mas também temos diferentes autoridades nas nossas, e o que plantamos exercendo poder sobre eles, nossas esposas, quem trabalham para nós ou nossos governados, é o que colheremos das autoridades acima de nós. Se humilharmos, seremos humilhados, e se castigarmos seremos castigados; não porque Deus se vingue, mas porque uma atitude autoritária reflete problemas de caráter que, como consequência natural, nos levará a estar constantemente envolvidos em situações em que nossa falta de sabedoria fica exposta.

> (Isaías 33:1 ARC) *Ai de ti despojador que não foste despojado e que ages perfidamente contra os que não agiram perfidamente contra ti! Acabando tu de despojar, serás despojado; e, acabando tu de tratar perfidamente, perfidamente te tratarão.*

O objetivo de todo superior que lidera com autoritarismo é aprisionar, porque o maior medo dos que usam sua autoridade para dizer o tempo todo a seus subordinados o que devem fazer, é de que estes sejam livres. O autoritário sabe que, na primeira oportunidade de liberdade, seus liderados fugirão de sua presença, logo, cria-se um paradoxo: os autoritários querem que seus subordinados dependam deles e estejam por perto, mas todas suas ações autoritárias criam nestes o desejo de se afastarem. O mesmo acontece na maternidade e paternidade autoritária. A verdadeira liderança é a que tem o objetivo de ensinar seu liderado a ser independente, conquistando a fidelidade pela confiança e não pelo medo.

> (João 8:36 ARC) *Se, pois, o Filho vos libertar, verdadeiramente, sereis livres.*

Há uma frase muito repetida no círculo religioso que diz: *você escolhe obedecer pelo amor ou pela dor*; ou uma variação que declara: *as pessoas só respeitam o que temem*, mas nada disso está na Bíblia. A Palavra nos ensina exatamente o contrário:

> (1 João 4:18 ARC) *No amor, não há temor; antes, o perfeito amor lança fora o temor, porque o temor tem consigo a pena* (o castigo), *e o que teme não é perfeito em amor.*

Todos os cursos de liderança que hoje são bastante comercializados no mundo corporativo, trazem métodos que se aplicam também para a educação infantil e vice-versa, porque não é possível vestir a máscara de bom chefe no trabalho e ser um mau pai ou uma má mãe em casa. Um bom líder é bom dentro ou fora de casa. Ilustremos duas situações:

Exemplo 1

Imagine que você começou um novo emprego há poucos meses, falta meia hora para que seu chefe apresente ao dele um relatório importante, em que você esteve trabalhando dias antes. Ele passa com pressa pela sua mesa, vê você colocando um bloco de papel numa gaveta e fala com rispidez:

— De novo colocando esses papéis nessa gaveta? Não te falei que esse tipo de formulário se coloca no armário?

Passam alguns minutos e ele o chama energicamente até a sala dele:

— Você, vem aqui! Muda a cor desta coluna para verde!

Você volta para seu computador, muda para verde a coluna que ele pediu e pensa:

— Sério mesmo que ele me chamou para pedir que eu mude a cor de uma coluna?

Passam-se outros minutos e o chama de novo:

— Você não faz nada direito! Soma este número com aquele, tira a terceira coluna da planilha e muda toda esta parte direita para azul!

É muito provável que, enquanto ele dava as ordens, você estava contando os minutos para sair daquela sala, talvez se sentindo um incapaz que não aprende nada, ou pensando o quanto esse chefe é detestável e que o único motivo de aceitar esse tratamento é porque ainda precisa do salário no fim do mês; há uma grande possibilidade de que você também estava considerando atualizar seu currículo para procurar outro emprego. Quando ele termina de falar, você volta para seu computador e escuta um grito desesperado:

— *Fulaaano*! Muda a oitava coluna para roxo!

Você olha para o seu computador e pensa:

— Meu Deus, não me lembro de nada! Que número era para somar? Era para aumentar ou tirar uma coluna? Onde era azul e onde era roxo?

De imediato, você sente o medo lhe tomar conta; você não quer voltar e pedir para o chefe repetir todas as instruções porque sabe que ele vai se descontrolar. Os minutos passam e, no desespero, você pensa:

— Quer saber? Vou fazer o que eu acho que lembro e seja o que Deus quiser. Afinal, ele que se vire na apresentação.

Exemplo 2

Mesma situação. Você começou um novo emprego há poucos meses, falta meia hora para seu chefe apresentar para o dele um relatório importante, em que você esteve trabalhando dias antes. Ele passa com pressa pela sua mesa, vê você colocando um bloco de papel numa gaveta e fala num tom de curiosidade:

— Ei, lembra onde falei que se colocavam esses formulários? Bom, esquece, depois vemos isso.

Enquanto você busca na memória onde seu chefe tinha falado para colocar aquele tipo de formulário, ele o chama:

— Vem aqui na minha sala, por favor? Sente-se, vamos fazer o ajuste final do relatório antes da apresentação. Nesta coluna precisamos dar destaque para mostrar que o resultado foi bom, que cor você acha que ficaria legal?

Você responde enquanto muda a cor da coluna:

— Verde, é uma cor que transmite uma mensagem de algo positivo.

Ele continua:

— Ótimo, concordo. Olha só, você esqueceu de somar este número com aquele, isto é grave porque o resultado fica errado e o presidente vai receber este relatório, tem que prestar muita atenção nisso.

Enquanto ele fala, você se desculpa e pensa:

— Caramba, ainda bem que meu chefe está revisando!

Então seu chefe continua:

— Tira, por favor, a terceira coluna, aí estão só subtotais e o que, na verdade, importa ver são os totais, e vamos mudar toda esta parte da direita para azul, para dar outro destaque.

Terminam a revisão, você sai da sala, respira fundo e pensa:

— Meu Deus, ainda bem que não estou sozinho e tenho um chefe que sabe o que faz, se dependesse só de mim para fazer o relatório e apresentá-lo, já teria passado vergonha. Tenho muito o que aprender com ele!

No momento em que você volta para sua mesa e está a ponto de sentar-se, repassando mentalmente o que acaba de revisar com seu chefe, ele grita lá da sala dele, ao mesmo tempo em que se levanta para ir para a apresentação:

— *Fulaaano*! Muda a oitava coluna para roxo agora, por favor! Depois eu explico!

Você pensa:

— Nossa, ele nunca fala desse jeito, deve ser algo muito urgente. Vou mudar para roxo agora mesmo!

Acaba a apresentação, ele se aproxima de você e diz:

— Obrigado por ter mudado a cor daquela coluna, eu tinha esquecido que o azul é a cor da concorrência e agora estamos praticamente proibidos de usar essa tonalidade nas apresentações; se eu tivesse aparecido com o azul no relatório, o diretor teria ficado decepcionado.

Os dois exemplos anteriores nos mostram que, se utilizarmos de maneira constante o mesmo **tom de voz** alterado com nosso filho, cônjuge ou qualquer outra pessoa, como se até as coisas mais pequenas fossem graves e urgentes, a chance é muito grande deles **não colocarem atenção** ou **não se lembrarem** das realmente importantes que pedirmos que façam. Se nosso estado normal é ser alterado e estressado, chegará um momento em que esse tipo de manifestação não ativará nenhum sinal de alerta nos demais, só fará que queiram se afastar de nós.

Existirão **raros momentos** em que não teremos tempo de explicar algo que a criança precisa fazer ou deixar de fazer por ser **grave**, **urgente** e **importante**, mas, se tivermos escolhido bem o tom de voz em todas as outras situações, quando falarmos energicamente: *vem aqui, agora!*, é muito mais provável que ela virá até nós de imediato, porque entenderá que algo, de fato, diferente está acontecendo. Depois, é importante darmos a explicação que ficou pendente do porquê havíamos falado daquela maneira: *filho, você viu o cachorro vindo em nossa direção? Estava com cara de bravo, fiquei com medo.*

Se **investirmos tempo ensinando**, dando a explicação lógica do que pedimos à criança, e aproveitarmos para ajudá-la a encontrar soluções ou escolher entre as possíveis, a probabilidade é muito mais alta dela lembrar qual é a saída para aquela situação numa próxima vez que passar por ela, ou seja, de **tornar-se autônoma**. Claro, este tipo de raciocínio lógico começa a estar mais ativo na idade adequada, por volta dos 5 anos; antes desta idade, sua memória é muito curta e não consegue guardar instruções por muito tempo, sendo assim, muitos pais se desgastam gritando: *te falei mil vezes para não fazer isso!*, sem entender que o cérebro da criança leva alguns anos preparando-se para memorizar instruções abstratas e criar um *manual lógico* de causas e consequências na cabeça.

> (Filipenses 2:14-16 ARC) *Fazei todas as coisas sem murmurações nem contendas; para que sejais irrepreensíveis e sinceros, filhos de Deus inculpáveis no meio duma geração corrompida e perversa, entre a qual resplandeceis como astros no mundo; retendo a palavra da vida, para que, no Dia de Cristo, possa gloriar-me de não ter corrido nem trabalhado em vão.*
>
> (Apocalipse 3:10 ARC) *Como guardaste a palavra da minha paciência, também eu te guardarei da hora da tentação que há de vir sobre todo o mundo, para tentar os que habitam na terra.*

A **independência** é importantíssima para que as crianças saibam **tomar decisões**, porque haverá muitas vezes em que elas terão que escolher um caminho a seguir dentre vários possíveis e, nem sempre, estaremos perto para fazer isso por elas. Um soldado obediente não avança nem deixa de caminhar se não tiver um general que lhe diga o que fazer; mas nossos filhos não são nossos soldados, são nossos discípulos, e saberão fazer nossas mesmas obras, ou maiores, quando não estivermos presentes.

> (João 14:12 ARC) *Na verdade, na verdade vos digo que aquele que crê em mim também fará as obras que eu faço e as fará maiores do que estas, porque eu vou para meu Pai.*

No capítulo *O que é a ciência?* indiquei que o propósito da nossa existência é aprender a ser como o Pai; Ele quer ensinar-nos toda Sua sabedoria e inteligência, e esse é exatamente o propósito que temos para nossos filhos. Não é impor nossa própria sabedoria e inteligência, porque ainda somos muito falhos, mas trata-se de continuar com a missão de mostrar a sabedoria e inteligência de Deus através de nossas vidas, para que eles sejam ainda melhores que nós.

Se nosso único objetivo como pais é ter filhos que, quando dissermos: *desce!*, desçam, e ordenemos: *quieto!*, se calem, o melhor é conseguir um cachorrinho para treiná-lo a fazer alguns truques e satisfazer nossa necessidade de controle ou impressionar as pessoas ao redor. A paternidade e maternidade são muito mais desafiantes do que adestrar uma criança a obedecer a comandos, porque o verdadeiro ensinamento requer que primeiro nós busquemos aprender, e nos corrijamos desde o interior, para logo poder dar o que recebamos.

> (Mateus 5:16 ARC) *Assim resplandeça a vossa luz diante dos homens, para que vejam as vossas boas obras e glorifiquem o vosso Pai, que está nos céus.*
>
> (1 Timóteo 3:2-5 ARC) *Convém, pois, que o bispo seja irrepreensível, marido de uma mulher, vigilante, sóbrio, honesto, hospitaleiro, apto para ensinar; não dado ao vinho, não espancador, não cobiçoso de torpe ganância, mas moderado, não contencioso, não avarento; que governe bem a sua própria casa, tendo seus filhos em sujeição, com toda a modéstia (porque, se alguém não sabe governar a sua própria casa, terá cuidado da igreja de Deus?*

Obrigar as crianças a **obedecer-nos sem questionar**, só porque somos uma autoridade em suas vidas, além de não lhes criar nenhum tipo de independência, é **muito perigoso**. No nazismo, aconteceram coisas terríveis por gente que entendeu que deveria obedecer cegamente à autoridade de Hitler. Da mesma maneira, muitas crianças têm medo de reagir a, fugir de, ou contar sobre **abusos sexuais** porque foram ensinadas dentro de casa que não têm voz, que os adultos têm poder e domínio sobre seus corpos, e, quando crescem, se tornam adultos que não sabem dizer *não* a diversos tipos de abuso ou maltrato.

O extremo oposto também pode acontecer. A criança que foi obrigada a seguir ordens autoritárias cresce enxergando qualquer autoridade, seja professor, chefe ou governo, como algo a ser desafiado; daí nascem movimentos de rebelião extrema com membros que buscam a todo custo julgar, submeter e escandalizar àqueles que enxergam como seus opressores. Por isso Deus nos pede que sejamos autoridade, mas também que permaneçamos humildes; isto não é uma contradição, mas um chamado ao constante equilíbrio da perfeição no amor. O estilo de liderança que apresentarmos aos nossos filhos refletirá, de forma direta, no tipo de líderes que eles se tornarão quando sejam adultos.

> (Mateus 10:16 ARC) *Eis que vos envio como ovelhas ao meio de lobos; portanto, sede prudentes como as serpentes e símplices como as pombas.*
>
> (Mateus 23:10-12 ARC) *Nem vos chameis mestres, porque um só é o vosso Mestre, que é o Cristo. Porém o maior dentre vós será vosso servo. E o que a si mesmo se exaltar será humilhado; e o que a si mesmo se humilhar será exaltado.*

Os versículos anteriores não indicam que devemos prestar reverência, ser tímidos, covardes ou ter uma voz passiva diante dos nossos filhos ou das pessoas ao nosso redor, mas que devemos assumir nossa posição de líderes, tendo em mente que esse cargo nos converte, de imediato, em prestadores do serviço de ensinar alguém a que se torne grande, fortalecendo sua autoestima, encorajando-o e libertando-o dos medos que a falta de conhecimento traz. De novo, a perfeição está no equilíbrio; não somos e nem seremos pais perfeitos enquanto estivermos neste mundo, mas temos que estar dispostos a aperfeiçoar-nos diariamente, revisando nossas atitudes antes das dos demais.

E como poderemos criar filhos que tenham essa mesma postura de poder e humildade em equilíbrio se estivermos, constantemente, pisoteando sua autoestima e fazendo-os acreditar que são incapazes de pensar, exigindo-lhes uma obediência cega?

> (Romanos 12:3 NVI) *Por isso, pela graça que me foi dada digo a todos vocês: Ninguém tenha de si mesmo um conceito mais elevado do que deve ter; mas, ao contrário, tenha um conceito equilibrado, de acordo com a medida da fé que Deus lhe concedeu.*

Falo muito sobre o excesso de firmeza porque é a atitude mais comum com as crianças, mas pais que não repreendem seus filhos com uma conversa séria, na idade em que eles já são capazes de entender, também não estão fazendo sua parte em ensinar o caráter de Cristo. É como um chefe que não acompanha o trabalho de sua equipe, não faz nenhum tipo de revisão deste, não gasta tempo ao seu lado para criar um relacionamento, e acaba deixando que seus funcionários façam o que quiserem. Muito provavelmente começarão a ficar cada vez menos comprometidos, desmotivados e a descumprir horários ou datas de entregas importantes, por sentirem que tanto faz se fizerem um bom ou um mau trabalho, já que ninguém os enxerga ou instrui.

> (2 Timóteo 1:7 ARC) *Pois Deus não nos deu espírito de covardia, mas de poder, de amor e de equilíbrio.*

Como bióloga, sempre fui muito curiosa sobre o desenvolvimento humano e lia muitos artigos relacionados à psicologia; mesmo antes de ter minha filha e de iniciar o projeto do *Shalom Pompom*. Certa vez, comentei com uma pessoa próxima — também cristã —, que tinha lido sobre a importância de agachar-se e colocar-se na altura dos olhos das crianças em momentos em que era necessário repreender alguma conduta; essa pessoa se irritou, disse rispidamente que não dava ouvidos a nada relacionado à psicologia, e afirmou que nunca iria se agachar para falar com um filho porque era este quem tinha que levantar a cabeça e olhar para os pais, para aprender a respeitar hierarquias.

Devemos ter em mente que o simples fato de nós, adultos, sermos maiores que as crianças, já faz com que elas reconheçam nossa força e autoridade. Não será o ato de abaixar-nos para falar com elas que nos tornará inferiores; o que, de fato, faz com que percamos seu respeito e sua admiração é a falta de mansidão e domínio próprio.

Deus, como detentor de toda a sabedoria, nos mostrou o efeito transformador de colocar-se à altura dos olhos dos filhos para ganhar sua confiança e, por consequência, sua obediência. Ele saiu de Seu altíssimo trono, de Sua superioridade suprema, de Seus caminhos e pensamentos mais altos, e escolheu descer à nossa altura, fazendo-se homem para olhar-nos nos olhos. Se o Pai é capaz de fazê-lo conosco para conquistar nossa admiração e fidelidade, por que custa tanto aos adultos se afastarem do veneno da soberba no ambiente familiar?

> (Isaías 55:9-11 ARC) *Porque, assim como os céus são mais altos do que a terra, assim são os meus caminhos mais*

> *altos do que os vossos caminhos, e os meus pensamentos, mais altos do que os vossos pensamentos. Porque, assim como descem a chuva e a neve dos céus e para lá não tornam, mas regam a terra e a fazem produzir, e brotar, e dar semente ao semeador, e pão ao que come, assim será a palavra que sair da minha boca; ela não voltará para mim vazia; antes, fará o que me apraz e prosperará naquilo para que a enviei.*
>
> (Filipenses 2:5-7 ARC) *De sorte que haja em vós o mesmo sentimento que houve também em Cristo Jesus, que, sendo em forma de Deus, não teve por usurpação ser igual a Deus, mas aniquilou-se a si mesmo, tomando a forma de servo, fazendo-se semelhante aos homens.*

Se Deus quisesse que fôssemos limitados por um comando externo para atuar, teria criado robôs e não humanos. Não queremos ser ou ter filhos do *Não Posso*, mas sim filhos do *Não Quero*. Se nossa resposta diante de qualquer situação for um *não posso*, quer dizer que só estamos deixando de fazer o que realmente queremos por medo de uma ameaça externa, mas no primeiro momento em que encontrarmos uma maneira de burlá-la, faremos o que de verdade estamos escondendo no coração. Deu para perceber que tanto adultos como crianças passam pelos mesmos desafios?

Cada vez que respondemos: *não posso*, quando algo nos é oferecido, precisamos avaliar o que realmente queremos, por que queremos e por que não podemos; só assim chegaremos ao *não quero* e, ao não querer, é quando não o faremos. Por volta dos 5 anos, quando o sentido da empatia está estruturando-se mais fortemente no cérebro, podemos começar a fazer perguntas às crianças como: *você quer se machucar? Você quer machucar os outros?*, e assim elas terão a chance de encontrar em si mesmas uma resposta muito mais valiosa do que um simples *não posso*.

- Não quero fazer porque confio que Deus tem algo melhor para mim.
- Não quero fazer porque vai me machucar.
- Não quero fazer porque vai machucar alguém.

> (1 Coríntios 6:12 ARC) *Todas as coisas me são lícitas, mas nem todas as coisas convêm; todas as coisas me são lícitas, mas eu não me deixarei dominar por nenhuma.*

No mundo cristão, muitas vezes a questão da obediência é tão mal interpretada que as pessoas vivem com amargura, seguindo uma lista de regras fechadas e querendo também encaixar os filhos nela, como se fossem destinadas a carregar um fardo pesado para alcançar a Graça de Deus. Sem perceber, acabam tornando-se soberbos e deixam de obedecer ao principal mandamento, que é o amor. A lei de nenhuma autoridade está acima dos mandamentos de amar a Deus acima de tudo e ao próximo como a nós mesmos; estas são as únicas leis que devemos ensinar as crianças a seguir cegamente. Entretanto, *amar a Deus acima de tudo* não significa seguir rituais ou obrigar outros a segui-los, mas é ter empatia, e esta não dá lugar à violência física ou verbal.

> (Isaías 28:9-14 ARC) *A quem, pois, se ensinaria a ciência? E a quem se daria a entender o que se ouviu? Ao desmamado e ao arrancado dos seios? Porque é mandamento sobre mandamento, mandamento e mais mandamento, regra sobre regra, regra e mais regra: um pouco aqui, um pouco ali. Pelo que, por lábios estranhos e por outra língua, falará a este povo, ao qual disse: Este é o descanso, dai descanso ao cansado; e este é o refrigério; mas não quiseram ouvir. Assim, pois, a palavra do Senhor lhes será mandamento sobre mandamento, mandamento e mais mandamento, regra sobre regra, regra e mais regra: um pouco aqui, um pouco ali; para que vão, e caiam para trás, e se quebrantem, e se enlacem, e sejam presos.*

A idade do desmame, relatada na Bíblia, era por volta dos 3 anos; é justo a idade em que muitos pais acham que a criança já *entende tudo* e deve submeter-se a todas as regras impostas. Os versículos acima estão entre os meus favoritos na Bíblia porque começam ressaltando como é absurdo tentar exigir que bebês e crianças, que também representam pessoas sem maturidade espiritual, entendam a ciência e a obediência em tempos que não lhe correspondem.

A mensagem, então, reprova a forma autoritária de criar mandamentos e regras sem fim, anunciando que Jesus viria para apresentar o descanso ao cansado e o refrigério, o qual foi e é recusado pelos autoritários e religiosos, que não conseguem ensinar pela sabedoria da misericórdia. Ao final, os versículos demonstram que o autoritarismo imposto pelos religiosos faz com que eles mesmos vivam a Bíblia aprisionados em mandamentos e regras pesadas, levando-os a tropeçar em suas próprias normas até que caem e são quebrantados.

Dessa forma, exigir que o filho atue como um robô, fazendo somente o que consideramos correto — antes de que tenha um cérebro preparado para isso — é como exigir que um urso nos faça um bolo: ele não tem nem capacidade física, nem mental, nem ferramentas para executar a tarefa. Não há nada melhor para atrair nossos filhos para perto de nós do que uma conexão verdadeira, compartilhando sentimentos, mostrando que também cometemos erros, que sabemos pedir desculpas, que temos medos, contando histórias de como superamos diversas situações que pensamos que não conseguiríamos e, acima de tudo, mostrando que estamos todos debaixo da graça e do poder de um Deus em quem podemos confiar.

> (Oséias 11:4 ARC) *Atraí-os com cordas humanas, com cordas de amor; e fui para eles como os que tiram o jugo de sobre as suas queixadas; e lhes dei mantimento.*
>
> (Jeremias 31:3 ARC) *Há muito que o Senhor me apareceu, dizendo: Com amor eterno te amei; também com amável benignidade te atraí.*

Na atualidade, o cenário político de diversos países está levando pessoas que se dizem cristãs a apresentar um comportamento odioso, julgador, autoritário e soberbo, imitando exatamente o mesmo comportamento dos que não conhecem a Jesus, como se Deus precisasse que nós, humanos, o defendêssemos de algo, tal como fez Pedro, cortando a orelha do servo que segurou Jesus. Isto só demonstra a nossa falta de fé no Criador e esse tipo de atitude é a mesma que muitos pais assumem diante dos filhos, crendo que podem obrigá-los a não pecar.

> (Mateus 26:51-52 ARC) *E eis que um dos que estavam com Jesus, estendendo a mão, puxou da espada e, ferindo o servo do sumo sacerdote, cortou-lhe uma orelha. Então, Jesus disse-lhe: Mete no seu lugar a tua espada, porque todos os que lançarem mão da espada à espada morrerão.*

Obediência

Nossa falta de sabedoria para conquistar a obediência dos nossos filhos, crendo que a conseguiremos na força do braço, nos levará a cair nas mãos de outras autoridades que também nos aprisionarão em regimes autoritários até que sejamos quebrantados e aprendamos sobre a misericórdia. Deus quer nos ensinar a vivê-la e praticá-la com empatia, não com autoritarismo soberbo, briguento, egoísta e maldizente que muitos acreditam, equivocadamente, que faz parte do comportamento de um líder. Muitos gostam de repetir Efésios 6:1 para constranger seus filhos à obediência, mas esquecem de praticar Efésios 6:2.

> (Romanos 13:3 ARC) *Porque os magistrados não são terror para as boas obras, mas para as más. Queres tu, pois, não temer a autoridade? Faze o bem e terás louvor dela.*
>
> (Efésios 6:1-4 ARC) *Vós, filhos, sede obedientes a vossos pais no Senhor, porque isto é justo. Honra a teu pai e a tua mãe, que é o primeiro mandamento com promessa, para que te vá bem, e vivas muito tempo sobre a terra.* ***E vós, pais, não provoqueis a ira a vossos filhos, mas criai-os na doutrina e admoestação do Senhor.***

Recompensas

> (Marcos 4:19 ARC) ...*mas os cuidados deste mundo, e os enganos das riquezas, e as ambições de outras coisas, entrando, sufocam a palavra, e fica infrutífera.*

Já mencionei bastante que o castigo pode parecer funcionar a curto prazo, mas a longo prazo traz mais malefícios que benefícios; então será que educar a criança na base de prêmios, presentes e elogios funciona melhor? Existe uma diferença entre ensinar que a **consequência natural** de se fazer o bem é que coisas boas aconteçam de volta para nós, e ensinar a fazer algo só para conseguir uma coisa boa em troca; pois esta última ação nada mais é que outra tentativa adulta de **adestrar** uma criança a obedecer a comandos, sem pensar por que aquilo é bom para ela. Há também uma diferença entre elogiar e encorajar; óbvio, devemos elogiar as pessoas de vez em quando, mas encorajá-las constantemente tem muito mais valor.

No versículo anterior, Jesus fala sobre como os cuidados deste mundo e a ambição de coisas materiais nos fazem desviar do verdadeiro propósito da nossa existência, tornam-nos egoístas e ambiciosos por conseguir somente bens para nós mesmos, ou fazem-nos dependentes do reconhecimento dos outros. Como poderíamos ensinar as crianças a não se apegarem às recompensas egoístas, se as chantageamos com frases como: *se você comer tudo, te compro um sorvete,* ou: *se você deixar de usar fralda, te compro um brinquedo novo*? Como poderíamos educá-las a valorizar suas superações pessoais, se as ensinamos a viver uma competição contínua para conseguir coisas materiais, aplausos e elogios?

Imagine que você está num restaurante, termina de comer e alguém da mesa ao lado começa a aplaudir, qual seria a sua reação? Agora imagine que você levanta, vai ao banheiro, faz suas necessidades e, quando abre a porta, tem uma pessoa batendo palmas e tentando colocar uma estrelinha na sua testa, o que você pensaria daquilo? Existem ações como comer e ir ao banheiro que são processos inatos na vida da criança, seu próprio organismo vai evoluir de forma natural para regular sua fome e controlar seus esfíncteres (músculos que controlam a saída de xixi e cocô).

Podemos ofertar diferentes alimentos, estabelecer alguns horários, dar exemplo de como se come e se usa o vaso sanitário, falar frases de apoio como: *quando você se sentir preparado, pode me pedir para usar a privada e eu te acompanho*; mas, em realidade, não tem sentido nenhum — e é muito confuso — fazer festa, celebrar, dar presentes ou querer condicionar a criança a comer e ir ao banheiro só para ver-nos contentes ou para ganhar algo em troca — se isso já soa mal, acho que não preciso citar o absurdo que é pressionar, castigar ou brigar com uma criança que não come ou não avisa para ir ao banheiro —.

> (1 Coríntios 9:25 ARA) *Todo atleta em tudo se domina; aqueles, para alcançar uma coroa corruptível; nós, porém, a incorruptível.*

Vejamos outros exemplos: faz sentido premiar, festejar ou fazer muitos elogios quando a criança toma banho, escova os dentes, estuda ou tira boas notas? O maior beneficiado quando faz estas coisas, não é ela mesma? Nós, pais, precisamos entender que a educação não se trata de fazer-nos feliz; é muito narcisista condicionar a criança a fazer coisas que são para seu próprio bem, recebendo em troca o benefício de deixar-nos feliz. A partir do momento em que tiramos o foco do aprendizado da criança de cima de nós mesmos e colocamos sobre ela, é muito mais fácil entender e explicar o sentido do autocuidado.

Em vez de batermos palmas quando o filho toma banho ou escova os dentes, dizendo: *muito bem, parabéns, você cumpriu o que te ordenei!*, podemos ajudá-lo a perceber o motivo daquilo ser bom com perguntas como: *que tal a sensação depois de tomar banho, filho? É gostoso se sentir limpo, né?*. Também podemos inventar uma brincadeira em que pintamos seu corpo com pontinhos, dizendo que são os *monstrinhos* que moram nele quando não toma banho e que a única maneira de os mandar embora é com água e sabão. Se ainda assim não for efetivo, podemos ser firmes dizendo: *já que você não quer tomar banho, hoje teremos que passar o dia todo vendo vídeos de doenças causadas pela sujeira, para você compreender a importância da limpeza* (consequência lógica).

Como podemos ver, é possível disciplinar com diferentes estratégias racionais, que fazem muito mais sentido do que adestrar com castigos ou recompensas desconectados do problema inicial.

> (1 Coríntios 6:19-20 ARC) *Ou não sabeis que o nosso corpo é o templo do Espírito Santo, que habita em vós, proveniente de Deus, e que não sois de vós mesmos? Porque fostes comprados por bom preço; glorificai, pois, a Deus no vosso corpo e no vosso espírito, os quais pertencem a Deus.*

Mesma coisa com a escola. Por que os pais acham que devem exigir do filho um boletim impecável ou dar-lhe um vídeo game quando tira notas altas? Só para contar para a família ou para os vizinhos que o filho tem um histórico escolar exemplar? Tem muito mais valor falar: *filho, você viu o que você conseguiu com seu esforço e dedicação? Você está orgulhoso do resultado? Eu também estou,* ou expressar: *filho, você estuda para seu futuro, não para mim; quem viverá o fruto do seu interesse em aprender é você, não eu. Quem terá que repetir o ano se não se esforçar é você, não eu. Confio que você vai saber se organizar para tirar o melhor proveito da escola.*

No período escolar, a criança deve ser a protagonista de seu aprendizado e compreender que o real benefício de estudar não é deixar seus pais felizes ou ganhar um presente, mas adquirir conhecimentos que podem transformar sua vida e o mundo, aumentando a ciência de Deus na Terra. As crianças são curiosas por natureza, elas têm sede de aprender, mas os adultos acabam com essa motivação quando colocam suas próprias expectativas por cima do desenvolvimento natural da criança e tornam a busca por conhecimento em rituais de obrigação e broncas.

> (Provérbios 9:12 NVI) *Se você for sábio, o benefício será seu; se for zombador, sofrerá as consequências.*

Assim como o filho requer o aprendizado de ver o benefício em sua vida de cumprir certas rotinas, precisará aprender a viver a consequência de suas irresponsabilidades; mas, veja bem, isto não significa que, quando a criança vier feliz contar alguma conquista, deva-se falar: *não fez mais do que sua obrigação!*, ou que, quando ela vier contar um problema, exclame-se: *problema seu, você errou, agora você que resolva*, porque essas palavras duras só causam que se afaste e deixe de compartilhar suas alegrias e frustrações conosco. Ao contrário, devemos celebrar com nosso filho, aproveitando a oportunidade para reforçar o quão gratificante é a sensação individual de vencer um desafio; também devemos aproveitar cada falha para perguntar o que ele acredita que poderia ter feito diferente, mostrando que um erro é, na verdade, uma oportunidade de crescimento.

Com esse tipo de acompanhamento paterno e materno, cria-se o sentido da paciência, da longanimidade, da perseverança e da resiliência em filhos que não se iludirão com qualquer oferta e nem jogarão a toalha diante de qualquer dificuldade.

> (Colossenses 1:11 ARA) ... *sendo fortalecidos com todo o poder, segundo a força da sua glória, em toda a perseverança e longanimidade; com alegria.*

Quando se abusa das recompensas, pode-se criar filhos dependentes do reconhecimento externo, como se o objetivo de cada ação fosse ganhar aplausos e bajulações; ou pode-se criar filhos corruptíveis, dispostos a fazer coisas somente quando ou desde que recebam algo em troca. Além disso, acaba se criando uma confusão tão grande na cabeça da criança, que, ao rebelar-se por qualquer motivo, ela pode deixar de fazer coisas básicas de autocuidado — como tomar banho, escovar os dentes, estudar e comer —, pensando que é uma forma de atingir os pais, sem perceber que está fazendo mal a si mesma.

> (Gálatas 6:4-5 ARC) *Mas prove cada um a sua própria obra e terá glória só em si mesmo e não noutro. Porque cada qual levará a sua própria carga.*

Até aqui mencionei a necessidade de ensinar o autocuidado às crianças; ou seja, ações que precisam tomar sem que esperem outro benefício além de se manterem saudáveis e dispostas, mas também é necessário ensiná-las a fazer tarefas que envolvem o bem comum, por exemplo: lavar louça, varrer, colocar roupa para lavar etc. Se dissermos ao filho que ganhará um chocolate por lavar a louça, 5 reais se colocar a roupa para lavar e outros 4 reais se arrumar o seu quarto, o que acontecerá quando pedirmos para ele varrer a casa? Provavelmente pedirá algo em troca, certo?

Ao invés de recorrer a *subornos*, devemos incentivar as crianças desde muito cedo a que ajudem nas tarefas domésticas — a tabela abaixo, de Maria Montessori, é uma ótima referência — porque é muito importante criar nelas o senso colaborativo.

TABELA DE MARIA MONTESSORI

Tarefas Que Seu Filho Pode Fazer Sozinho E Em Qual Idade

DE 2 A 3 ANOS	DE 4 A 5 ANOS
Guardar os brinquedos	Arrumar a cama
Tirar seu prato da mesa	Colocar roupa na máquina
Guardar os sapatos	Guardar roupas
Colocar a roupa suja no cesto	Guardar parte da louça
Limpar pequenas superfícies	Ajudar a pôr a mesa
Pegar frutas da fruteira	Tirar pó
Pôr guardanapos na mesa	Regar plantas
Tirar a própria roupa	Separar o lixo

DE 6 A 8 ANOS	DE 9 A 11 ANOS	DE 12 A 14 ANOS
Lavar louça	Preparar lanches rápidos	Limpar banheiro
Pôr e tirar a mesa	Limpar móveis	Manipular máquina de lavar
Tirar o lixo da casa	Limpar espelhos	Passar pano no chão
Varrer	Trocar roupa de cama	Cuidar das plantas
Passar aspirador	Cuidar de animais de estimação	Cuidar de irmãos mais novos
Lavar quintal	Ajudar no preparo do jantar	Preparar pequenas refeições
Guardar compras	Guardar louça	Fazer compras rápidas
Pendurar roupa no varal de chão	Fazer lista de mercado	Separar contas a pagar

No começo, facilita muito fazer dessas atividades uma brincadeira dizendo algo como: *vamos ver quem dobra primeiro a roupa limpa?* e, conforme os filhos crescem, começar a reforçar o sentido da empatia quando se resistirem a fazer o que lhes corresponde: *sei que você acha chato dobrar as roupas, eu também acho, mas não consigo fazer tudo sozinho, preciso de ajuda*; se isso não dá resultado, podemos ser firmes aplicando consequências lógicas: *se você não guardar suas roupas, entenderei que você não as quer mais e darei para uma criança que precise.* Neste último exemplo, é importante não fazer apenas ameaças, mas realmente cumprir o que se falou, mostrando coerência e consistência.

Entretanto, tudo o que vem sendo abordado neste capítulo não é para dizer que é errado elogiar ou comprar presentes; é claro que vamos comprar presentes para nossos filhos em diversos momentos, como nos aniversários e no Natal. Mas ao invés de condicioná-los a fazer o bem para receber algo em troca, devemos ensiná-los a buscar primeiro o Reino de Deus — o qual, já vimos na parábola do Bom Samaritano, se conquista amando a Deus e ao próximo como a nós mesmos — e a serem gratos por coisas simples que acontecem no dia a dia; mostrando-lhes, de maneira constante, o lado positivo de situações aparentemente boas ou ruins, pois nelas também estão as coisas acrescentadas por Deus — que vão muito além de elogios ou bençãos materiais —.

(Mateus 6:33 ARC) *Mas buscai primeiro o Reino de Deus, e a sua justiça, e todas essas coisas vos serão acrescentadas.*

(Mateus 16:26 ARC) *Pois que aproveita ao homem ganhar o mundo inteiro, se perder a sua alma? Ou que dará o homem em recompensa da sua alma?*

Estabelecer uma rotina de oração curta e diária com os filhos, começando nós mesmos agradecendo por algo bom e por alguma oportunidade de aprendizado de algo ruim que aconteceu durante o dia, e em seguida pedindo para que façam o mesmo, é uma valiosa ferramenta para ensinar-lhes a reconhecer o bem de Deus nos detalhes; um exercício precioso para que, tanto eles como nós, aprendamos que todo mal pode transformar-se em bem se investirmos o esforço e a estratégia correta para isto.

(1 Tessalonicenses 5:18 ARC) *Em tudo dai graças, porque esta é a vontade de Deus em Cristo Jesus para convosco.*

Como venho ressaltando em cada tema, é necessário considerar a fase de desenvolvimento da criança; ou seja, sua idade e amadurecimento cerebral, para agregar pouco a pouco os ensinamentos necessários. Como em uma ordem cronológica, comecei falando sobre ensinarmos o autocuidado aos filhos — amar a si mesmo — e depois sobre a importância de se fazer o bem comum

— amar ao próximo —; então, a partir dos 6 ou 7 anos, podemos introduzir outro ensinamento importantíssimo: *a educação financeira*.

> (2 Tessalonicenses 3:8-12 ARC) *...nem, de graça, comemos o pão de homem algum, mas com trabalho e fadiga, trabalhando noite e dia, para não sermos pesados a nenhum de vós; não porque não tivéssemos autoridade, mas para vos dar em nós mesmos exemplo, para nos imitardes. Porque, quando ainda estávamos convosco, vos mandamos isto: que, se alguém não quiser trabalhar, não coma também. Porquanto ouvimos que alguns entre vós andam desordenadamente, não trabalhando, antes, fazendo coisas vãs. A esses tais, porém, mandamos e exortamos, por nosso Senhor Jesus Cristo, que, trabalhando com sossego, comam o seu próprio pão.*

Uma vez que a criança já avançou em entender o valor do amor-próprio e da empatia, podemos ensiná-la o do trabalho e da diligência. Não com o intuito de ganhar o mundo inteiro, mas para que entenda que precisa *ganhar seu próprio pão*, sem dar lugar à preguiça, e que seu tempo tem valor. Podemos ensiná-la a dedicar uma parte de seu dia a utilizar seus talentos em coisas que podem ser úteis; por exemplo, na venda de fatias de bolo para os vizinhos ou de artesanatos para seus amigos da escola, ou cobrando para cuidar do cachorro de alguém. Também podemos ensiná-la a fazer alianças e juntar-se com outros para formar uma *sociedade*, orientando-a a pagar uma *comissão* cada vez que seus amigos vendam algum produto que ela criou, ou cobrando ela mesma essa *comissão* por vender um produto de outro; ou pode até pensar em comprar *matéria prima* de um colega para transformá-la em algo que se possa revender. Inclusive, existem bons jogos de vídeo game que ensinam as crianças a administrarem recursos, como é o caso do *Minecraft*.

Enfim, esse tipo de dinâmicas e simulações facilitam que as crianças valorizem o trabalho de seus pais — que dão sustento e ordem à casa — e ajuda-as a procurarem, desde cedo, construir seu próprio patrimônio para, entre outras coisas, realizarem sonhos.

> (Eclesiastes 5:18-19 ARC) *Eis aqui o que eu vi, uma boa e bela coisa: comer, e beber, e gozar cada um do bem de todo o seu trabalho, em que trabalhou debaixo do sol, todos os dias da sua vida que Deus lhe deu; porque esta é a sua porção. E quanto ao homem, a quem Deus deu riquezas e fazenda e lhe deu poder para delas comer, e tomar a sua porção, e gozar do seu trabalho, isso é dom de Deus.*
>
> (Provérbios 6:6 ARC) *Vai ter com a formiga, ó preguiçoso; olha para os seus caminhos e sê sábio.*
>
> (Provérbios 13:4 ARC) *A alma do preguiçoso deseja e coisa nenhuma alcança, mas a alma dos diligentes engorda.*

Diante desse panorama, o espírito empreendedor, incentivado pela educação financeira, ajudará a criar habilidades de liderança em nossos filhos e lhes mostrará a importância de pagar pelo trabalho de outras pessoas. Quero dar ênfase neste último tópico porque, no meio cristão, muitas vezes se acredita que os demais, em especial os terapeutas e profissionais da saúde, devem prestar ajuda de graça, pela falta de compreensão de que devemos honrar o tempo que as pessoas gastam adquirindo conhecimentos para resolver os problemas alheios.

Todos precisamos de sustento, e o terapeuta, psicólogo, médico, veterinário também precisam levar mantimento à sua casa e têm sonhos a realizar. Um profissional deixa, por determinadas horas, sua vida pessoal para colocar em prática seu trabalho e isto tem um custo. As pessoas não têm problema em juntar dinheiro para comprar futilidades, doces, aparelhos tecnológicos e artigos de beleza, mas se resistem a pagar por serviços de cuidados muito mais valiosos, como são os de saúde física e mental.

> (Romanos 13:7 ARC) *Portanto, dai a cada um o que deveis: a quem tributo, tributo; a quem imposto, imposto; a quem temor, temor; a quem honra, honra.*
>
> (Gálatas 6:6-7 ARC) *E o que é instruído na palavra reparta de todos os seus bens com aquele que o instrui.*

> *Não erreis: Deus não se deixa escarnecer; porque tudo o que o homem semear, isso também ceifará.*

Outro erro bastante comum, cometido tanto por cristãos como por não cristãos, é o de economizar mão de obra e, por consequência, não crescer financeiramente. Ao pensar que estamos economizando dinheiro fazendo tudo por nós mesmos, desperdiçamos tempo tentando realizar tarefas para as quais talvez não tenhamos talento ou predileção. Em vez disto, poderíamos contratar alguém mais para fazê-las melhor e mais rápido, dando-nos oportunidade de focar naquilo em que realmente somos bons e gostamos.

Assim pois, dar educação financeira aos nossos filhos, desde curta idade, ou mandá-los a cursos deste tema, irá ajudá-los a encontrar com mais facilidade o equilíbrio entre fazer o bem e buscar sustento, com paciência e perseverança, entendendo que tudo na vida se conquista com esforço; sem a necessidade de adestrá-los como animais.

> *(João 5:17 ARC) E Jesus lhes respondeu: Meu Pai trabalha até agora, e eu trabalho também.*

No começo do capítulo mencionei a diferença entre elogiar e encorajar. Todos gostamos de receber elogios e estes são necessários de vez em quando para fazer-nos sentir bem; mas também podem ser *viciantes* e contraproducentes porque são uma forma de recompensa imediata que infla nosso ego. Se todos os dias uma pessoa — ou uma criança — escuta o quanto é linda e o quanto todos ao seu redor a admiram por sua beleza, chegará um momento em que colocará uma prioridade muito alta em agradar a vista dos demais, ou pensará que a beleza é a maior ferramenta que tem para conquistar as coisas na vida — algo que acontece muito nas redes sociais —.

É claro que devemos elogiar nossos filhos e ajudá-los a se sentirem bem com sua imagem, mas devemos tomar cuidado com a frequência com que o fazemos para que não façam da vaidade um deus, tornando-se superficiais. Até mesmo Jesus, conhecendo o perigo que representava para Sua missão o cair em vaidade, se preocupou em não ser bajulado.

> (Marcos 10:18 ARA) *Respondeu-lhe Jesus: Por que me chamas bom? Ninguém é bom senão um, que é Deus.*
>
> (Provérbios 29:5 ARC) *O homem que lisonjeia a seu próximo arma uma rede aos seus passos.*
>
> (Jó 15:31 ARC) *Não confie, pois, na vaidade enganando-se a si mesmo, porque a vaidade será a sua recompensa.*
>
> (Salmos 78:33 ARC) *Pelo que consumiu os seus dias na vaidade e os seus anos, na angústia.*

> (Provérbios 13:11 ARC) *A fazenda que procede da vaidade diminuirá, mas quem a ajunta pelo trabalho terá aumento.*

Da mesma forma, dizer o tempo todo à criança que ela é inteligente, parece ser algo bom; mas, na realidade, escutando isto, ela entende que não precisa fazer nenhum esforço para aprender, porque ela é inteligente e pronto. Ao contrário disto, valorizar o processo ao invés do resultado gera efeito muito mais a longo prazo, falando frases como: *parabéns, você foi muito persistente!*; *admiro sua paciência e interesse por aprender sobre este assunto*; *vi o tanto que você trabalhou para conseguir, valeu a pena!*. Assim, quando a criança estiver passando por alguma dificuldade, as palavras de encorajamento farão com que encontre força interior para deixar a frustração de lado e sair do problema: *entendo que você está com medo, mas acredito na sua força de vontade para resolvê-lo. Se precisar de ajuda, conta comigo.*

Na Bíblia, Deus faz isto conosco o tempo todo, Ele torce por nós, acredita em nós e está disposto a caminhar conosco na dificuldade quando pedimos ajuda. Não lemos versículos de Deus nos enchendo de elogios, mas vemos aqueles onde Ele nos enche de coragem para continuar aprendendo de Sua sabedoria.

> (Deuteronômio 31:6 NVI) *Sejam fortes e corajosos. Não tenham medo nem fiquem apavorados por causa delas,*

pois o Senhor, o seu Deus, vai com vocês; nunca os deixará, nunca os abandonará.

(Josué 1:9 NVI) *Não fui eu que ordenei a você? Seja forte e corajoso! Não se apavore nem desanime, pois o Senhor, o seu Deus, estará com você por onde você andar.*

(1 Crônicas 28:20 NVI) *E acrescentou: "Seja forte e corajoso! Mãos ao trabalho! Não tenha medo nem desanime, pois Deus, o Senhor, o meu Deus, está com você. Ele não o deixará nem o abandonará até que se termine toda a construção do templo do Senhor.*

(Isaías 41:10 ARC) *...não temas, porque eu sou contigo; não te assombres, porque eu sou o teu Deus; eu te esforço, e te ajudo, e te sustento com a destra da minha justiça.*

(Isaías 41:13-14 ARC) *Porque eu, o Senhor, teu Deus, te tomo pela tua mão direita e te digo: não temas, que eu te ajudo. Não temas, ó bichinho de Jacó, povozinho de Israel; eu te ajudo, diz o Senhor, e o teu Redentor é o Santo de Israel.*

Rótulos

> (Salmos 103:8-10 ARC) *Misericordioso e piedoso é o Senhor; longânimo e grande em benignidade. Não repreenderá perpetuamente, nem para sempre conservará a sua ira. Não nos tratou segundo os nossos pecados, nem nos retribuiu segundo as nossas iniquidades.*

A palavra *repreensão* significa *alertar firmemente com a voz*. Como pais, devemos repreender os filhos sobre algo que cause danos a eles mesmos ou aos demais, mas será que somos pacientes como Deus é conosco? Quando uma criança, com sua típica sede de descobrir o mundo, pega um enfeite na sala, derruba-o e quebra-o, sentimo-nos na obrigação de brigar com ela de imediato; ainda agregamos aquelas frases que começam *com você sempre* ou *você nunca*, mas, sem perceber, continuamos repetindo esses *mantras* de repreensão perpétua que se tornam um rótulo na vida deles:

- Ai, você nunca presta atenção no que está fazendo, acorda para vida, menino!

- Você é sempre tão desastrado!

- Essa menina é terrível, nunca me escuta.

- Você é muito chata, guria, sempre fazendo drama!

- Esse menino, sempre teimoso e nervoso! Puxou o pai.

- Que menina mais malcriada!

No versículo anterior, vemos que essa não é a maneira como Deus age conosco, porque Ele nos encoraja a melhorar e utiliza nossos erros para ensinar-nos, não para humilhar-nos.

> (Lucas 6:45 ARC) *O homem bom, do bom tesouro do seu coração, tira o bem, e o homem mau, do mau tesouro do seu coração, tira o mal, porque da abundância do seu coração fala a boca.*

Muitos rótulos que colocamos nos nossos filhos morarão em suas mentes pelo resto da vida, ou até eles encontrarem em Deus uma maneira de se livrarem desses estigmas. Pare e pense, para que os colocamos? No que ajudarão a nós ou a nossos filhos? Existe algum efeito positivo em rotular as pessoas? As palavras que saem da nossa boca dizem muito mais sobre nós mesmos do que sobre aqueles a quem criticamos ou ofendemos, porque revelam o que abunda em nossos corações, seja bom ou mau *tesouro*.

Como indiquei no capítulo anterior, até mesmo rótulos que parecem positivos como: *ai, esse meu filho, sempre tão inteligente!*, podem trazer consequências ruins, fazendo com que este perca o interesse em aprender, pensando que *simplesmente* é inteligente e não precisa esforçar-se.

De fato, as crianças são muito literais, não entendem figuras de linguagem como ironias e metáforas, portanto, acreditarão naquilo que se decreta sobre suas vidas; principalmente o que os pais decretam porque, em suas cabecinhas, eles são seus heróis e a fonte de toda a verdade. Não adianta decidirmos deixar de bater nos filhos — nossos irmãos em Cristo — se continuarmos agredindo, humilhando e minando, com rótulos, sua capacidade de aprender.

> (Provérbios 18:19-21 ARC) *O irmão ofendido é mais difícil de conquistar do que uma cidade forte; e as contendas são como ferrolhos de um palácio. Do fruto da boca de cada um se fartará o seu ventre; dos renovos dos seus lábios se fartará. A morte e a vida estão no poder da língua; e aquele que a ama comerá do seu fruto.*

Por exemplo, um rótulo bastante comum e usado em momentos de repreensão é: *que menino feio!*, que tem seus derivados em: *não faz isso porque é feio; olha aí sua cara feia quando você chora;* ou: *que feio, todo mundo está olhando para você.* Sem perceber, estamos condicionando a criança a comportar-se de acordo com a imagem que os outros possam ter dela e dos rótulos que lhe pudessem colocar, como se tivesse que se policiar para agradar a vista de todos ao seu redor, ao invés de se vigiar para não os machucar de maneira intencional.

Tendo em conta que as crianças são seres literais, é muito mais efetivo explicar o porquê de algo ser considerado errado pelo real motivo: *não faz isso porque dói, não faz isso porque machuca seu amigo.* E, mesmo assim, podemos evitar a parte do *não faz isso* e só dizer: *isso dói,* ou: *isso machuca,* porque a palavra NÃO é difícil de processar antes dos 3 anos de idade (vou explicá-lo no capítulo seguinte).

Cuidado, isso machuca!

> (Tiago 3:2-10 ARC) *Porque todos tropeçamos em muitas coisas. Se alguém não tropeça em palavra, o tal varão é perfeito e poderoso para também refrear todo o corpo. Ora, nós pomos freio nas bocas dos cavalos, para que nos obedeçam; e conseguimos dirigir todo o seu corpo. Vede também as naus que, sendo tão grandes e levadas de impetuosos ventos, se viram com um bem pequeno leme para onde quer a vontade daquele que as governa. Assim também a língua é um pequeno membro e gloria-se de grandes coisas. Vede quão grande bosque um pequeno fogo incendeia. A língua também é um fogo; como mundo de iniquidade, a língua está posta entre os nossos membros, e contamina todo o corpo, e inflama o curso da natureza, e é inflamada pelo inferno. Porque toda a natureza, tanto de bestas-feras como de aves, tanto de répteis como de animais do mar, se amansa e foi domada pela natureza humana; mas nenhum homem pode domar a língua. É um mal que não se pode refrear; está cheia de peçonha mortal. Com ela bendizemos a Deus e Pai, e com ela amaldiçoamos os homens, feitos à semelhança de Deus: de uma mesma boca procede bênção e maldição. Meus irmãos, não convém que isto se faça assim.*

Na atualidade, se usa a palavra *bullying* para nomear chacotas e piadas ofensivas. Exatamente isto é o que estamos ensinando aos filhos quando nós mesmos os rotulamos ou quando nos veem rotulando os demais, porque repetirão esse comportamento na escola, chamando outros de *gordos, feios, chatos, burros* etc. Invariavelmente, a criança mais problemática, briguenta e zombadora da escola, que busca humilhar seus colegas, é aquela que passa por este mesmo tipo de humilhação dentro de casa.

Na página do *Shalom Pompom*, no Instagram, recebi uma vez um comentário dizendo: *que exagero! Essa geração cheia de "mimimi", na minha época não tinha essa de "bullying", todos fomos "zuados" e sobrevivemos.* Esta reação de confronto da pessoa reflete com exatidão um defeito de caráter, criado pela educação verbal e fisicamente violenta. As pessoas criadas desta maneira se sentem no direito de apontar o que consideram um defeito no outro e usam-no para machucar sua autoestima, desejando que seu alvo se odeie tanto quanto elas o odeiam. Como comentei há 3 capítulos atrás, não estamos criando filhos sobreviventes, mas filhos transformadores, assim como Deus nos está criando para transformar.

> (Provérbios 10:11 NVI) *A boca do justo é fonte de vida, mas a boca dos ímpios abriga a violência.*

Um paradoxo interessante é que as mesmas pessoas ou crianças que vivem rotulando os demais são as que se ofendem com mais facilidade, porque já têm uma autoestima muito machucada e uma profunda raiz de rejeição por causa dos rótulos que receberam.

Se quisermos criar filhos que, ao se depararem com esses agressores, tenham suficiente amor-próprio para não se abalarem nem caírem em vitimização, *mimimi* e autocomiseração, devemos, ao invés de rotular, proferir palavras de amor e ensiná-los a enxergar com compaixão as pessoas que agem humilhando, porque, na verdade, elas próprias são vítimas daquilo que praticam.

Uma criança segura de si, com pais que fortalecem sua autoestima com palavras de encorajamento ao invés de destruí-la com ofensas, aprenderá a reagir ao *bullying* sentindo orgulho de seus *defeitos*, desarmando seus agressores inclusive com bom humor e uma postura autoconfiante.

> (Provérbios 12:18 NVI) *Há palavras que ferem como espada, mas a língua dos sábios traz a cura.*
>
> (Salmos 8:2 ARC) *Da boca das crianças e dos que mamam tu suscitaste força, por causa dos teus adversários, para fazeres calar o inimigo e vingativo.*

Contudo, não ensinaremos nossos filhos a aceitar de cabeça baixa a humilhação de professores ou amigos, mas evitaremos que caiam neste mesmo comportamento como forma de defesa; isto se demonstra ainda melhor quando nós mesmos reagimos com calma diante das ofensas que nossos filhos, ou outras pessoas, soltam em momentos de ira. Como mencionei antes, a infância é um período de muitas e inevitáveis frustrações; por mais que eduquemos a criança com o maior amor do mundo, é provável que chegará o temível momento em que nos diga: *te odeio!*, ou: *você é muito chato!*

Se revidarmos essas palavras com outras ofensas e rótulos, tomando sua ação como algo literal e pessoal, teremos perdido o bom controle da situação. Nesse momento, devemos respirar fundo e tentar traduzir o que ela quis dizer, em tom tranquilo: *ok, entendi que você queria continuar brincando, mas agora temos que ir*; logo, quando a criança estiver mais calma, podemos comunicar com claridade: *fiquei triste quando você disse que me odeia*, ou: *fiquei triste quando você me chamou de chato*.

> (Provérbios 15:1 ARC) *A resposta branda desvia o furor, mas a palavra dura suscita a ira.*

É difícil refrear a língua e controlar-se para não cair em rotular e ofender. Nós, adultos, passamos por essa mesma dificuldade quase que diariamente, mas, se cada vez que cometermos esse erro, tivermos humildade para pedir desculpas aos nossos filhos, escutaremos isto mesmo quando comunicarmos de maneira clara que a ofensa deles nos machucou. Muitos pais erram querendo forçar crianças a pedirem desculpas, principalmente quando elas têm menos de 5 anos e não conseguem entender que os outros também sentem dor e se chateiam.

Eu mesma, antes de receber o *Shalom Pompom* da parte de Deus, estive numa situação em que me fechei no quarto com uma sobrinha de 2 anos, falando que só sairíamos de lá quando ela pedisse desculpas pelo tapa que tinha me dado. Quanta ignorância! A coitada não tinha um cérebro amadurecido nem para entender que o que havia feito tinha me machucado, quanto mais para entender o que significa um verdadeiro pedido de desculpas ou sentir arrependimento.

Quando forçamos uma criança, sem maturidade cerebral, a repetir: *desculpa*, só estamos ensinando-a a decorar uma palavra; é como se lhe disséssemos: *repete "paralelepípedo" ou você será castigada!*. Da mesma forma, quando forçamos um pedido de desculpas de uma criança que tem maturidade cerebral — que já entende o significado do arrependimento — na realidade estamos ensinando-a a mentir. Não é um pedido sincero, não houve arrependimento e nem haverá mudança de atitude em quem finge desculpar-se. Se nós mesmos mostramos arrependimento e mudança quando agimos mal com nossos filhos, eles naturalmente agirão da mesma forma quando perceberem que nos machucaram ou que feriram alguém mais.

(Mateus 3:8 ARC) *Produzi, pois, frutos dignos de arrependimento...*

(Lucas 17:3-4 ARC) *Olhai por vós mesmos. E, se teu irmão pecar contra ti, repreende-o; e, se ele se arrepender, perdoa-lhe; e, se pecar contra ti sete vezes no dia e sete vezes no dia vier ter contigo, dizendo: Arrependo-me, perdoa-lhe.*

(2 Coríntios 7:9-10 NVI) *Agora, porém, me alegro, não porque vocês foram entristecidos, mas porque a tristeza os levou ao arrependimento. Pois vocês se entristeceram como Deus desejava e de forma alguma foram prejudicados por nossa causa. A tristeza segundo Deus não produz remorso, mas sim um arrependimento que leva à salvação, e a tristeza segundo o mundo produz morte.*

Um exemplo que gosto muito na Bíblia é o de uma repreensão carregada de amabilidade e muita firmeza, mas sem rótulos ou ofensas, que faz a mãe do rei Lemuel:

(Provérbios 31:2-9 ARA) *Que te direi, filho meu? Ó filho do meu ventre? Que te direi, ó filho dos meus votos? Não dês às mulheres a tua força, nem os teus caminhos, às que destroem os reis. Não é próprio dos reis, ó Lemuel, não é próprio dos reis beber vinho, nem dos príncipes desejar*

> *bebida forte. Para que não bebam, e se esqueçam da lei, e pervertam o direito de todos os aflitos. Dai bebida forte aos que perecem e vinho, aos amargurados de espírito; para que bebam, e se esqueçam da sua pobreza, e de suas fadigas não se lembrem mais. Abre a boca a favor do mudo, pelo direito de todos os que se acham desamparados. Abre a boca, julga retamente e faze justiça aos pobres e aos necessitados.*

Nos versículos anteriores, não lemos uma mãe dizendo: *escuta aqui, moleque, você está pensando o quê saindo com essas filhas do demônio e com esses seus amigos vagabundos? Se eu te pegar bebendo de novo, você vai ver o chinelo estralar no seu traseiro. Seu irresponsável! Como sua mãe, proíbo-te de sair com essas prostitutas e esses desviados!* Ao contrário, lemos uma sábia conselheira que leva a visão da empatia ao coração de seu filho, fazendo-o enxergar que existem atitudes que não convêm para a nobreza de um rei, e chamando-o a colocar-se no lugar dos debilitados, que também fazem parte de seu entorno.

Existe também uma parábola que todos conhecemos e gostamos, porque sentimos que Deus nos aceita de braços abertos quando corremos para Ele depois de um erro; mas devemos perguntar-nos: agimos da mesma maneira com nossos filhos, ou será que, quando voltam para nós após errar, recebemo-nos com rótulos, críticas, chacotas, ira e castigos? Ainda mais: nossos filhos se sentiriam à vontade em voltar para nós, crendo no nosso amor incondicional por eles, ou buscariam consolo em outras pessoas por medo da nossa reação?

Se essa parábola retratasse um pai ou uma mãe iracundos, generais e castigadores, como muitos religiosos pensam que Deus é, ou como pensam que devem comportar-se com os filhos, o final da história teria sido com o filho pródigo arrependido levando uma dura surra ao voltar para casa ou, no mínimo, recebendo todo tipo de ofensas e castigos, trabalhando arduamente como um servo a mais.

Veja bem, não é o caso de um filho viciado, que finge estar arrependido para continuar manipulando seus pais e tirar deles algo para seguir alimentando seu vício. A parábola relata um filho realmente arrependido, que aprendeu com seus erros e voltou para casa disposto a mudar. Mesmo no caso de um filho viciado, mentiroso e manipulador, que já foi acolhido em casa depois de alguns falsos arrependimentos, não caberiam ofensas ou violência, mas haveria de se usar a firmeza para afastá-lo, temporariamente, do convívio familiar, tentando ajudá-lo por meio da internação em centros de reabilitação e deixando claro que todos o receberão de braços abertos quando seus frutos mostrarem uma verdadeira mudança.

> (Lucas 15:11-24 ARC) *E disse: Um certo homem tinha dois filhos. E o mais moço deles disse ao pai: Pai, dá-me a*

parte da fazenda que me pertence. E ele repartiu por eles a fazenda. E, poucos dias depois, o filho mais novo, ajuntando tudo, partiu para uma terra longínqua e ali desperdiçou a sua fazenda, vivendo dissolutamente. E, havendo ele gastado tudo, houve naquela terra uma grande fome, e começou a padecer necessidades. E foi e chegou-se a um dos cidadãos daquela terra, o qual o mandou para os seus campos a apascentar porcos. E desejava encher o seu estômago com as bolotas que os porcos comiam, e ninguém lhe dava nada. E, caindo em si, disse: Quantos trabalhadores de meu pai têm abundância de pão, e eu aqui pereço de fome! Levantar-me-ei, e irei ter com meu pai, e dir-lhe-ei: Pai, pequei contra o céu e perante ti. Já não sou digno de ser chamado teu filho; faze-me como um dos teus trabalhadores. E, levantando-se, foi para seu pai; e, quando ainda estava longe, viu-o seu pai, e se moveu de íntima compaixão, e, correndo, lançou-se-lhe ao pescoço, e o beijou. E o filho lhe disse: Pai, pequei contra o céu e perante ti e já não sou digno de ser chamado teu filho. Mas o pai disse aos seus servos: Trazei depressa a melhor roupa, e vesti-lho, e ponde-lhe um anel na mão e sandálias nos pés, e trazei o bezerro cevado, e matai-o; e comamos e alegremo-nos, porque este meu filho estava morto e reviveu; tinha-se perdido e foi achado. E começaram a alegrar-se.

# Não!

> (1 Coríntios 13:11-13 ARC) *Quando eu era menino, falava como menino, sentia como menino, discorria como menino, mas, logo que cheguei a ser homem, acabei com as coisas de menino. Porque, agora, vemos por espelho em enigma; mas, então, veremos face a face; agora, conheço em parte, mas, então, conhecerei como também sou conhecido. Agora, pois, permanecem a fé, a esperança e o amor, estes três; mas o maior destes é o amor.*

Uma das primeiras palavras que as crianças aprendem a repetir é *não*. Ao redor dos 12 meses conseguimos ouvi-las balbuciar essa palavrinha, mas não quer dizer que saibam exatamente o que não devem fazer; na verdade, estão imitando o que, sem perceber, falamos tantas vezes. Geralmente, quando falamos: *não!*, fechamos a cara ou usamos um tom de voz alterado, que faz com que a criança suspeite que há algo errado, mas se usamos essa palavra de maneira exagerada, este sinal de alerta perde o efeito; além disso, como já lhe contei sobre os neurônios-espelho, se um filho escuta 50 *nãos* durante o dia, enquanto fazemos cara de bravos, o que será que começará a repetir quando ele mesmo se irritar?

Como mencionei em capítulos anteriores, nossos filhos raciocinam e agem como crianças e, para conseguir algo deles, devemos voltar a pensar como uma criança.

Quantos de nós vimos a cena de um bebê de 5 meses, que acabou de aprender a usar as mãos, pegando tudo que está a seu alcance, com um adulto a seu lado falando: *nããão, não pode!*, de forma efusiva? E assim, o adulto passa o dia todo repetindo a mesma frase e se irrita, porque, além de já não aguentar ouvir-se falando o mesmo tantas vezes, seu cérebro fica inutilmente esperando a recompensa de que se cumpra a instrução dada.

Não seria mais fácil não falar nada e dar outra coisa para a criança brincar? A isto damos o nome de **substituição**. Ou, não seria mais efetivo começar a cantar e fazer barulhos de animais para desviar sua atenção, enquanto a levamos para outro lugar? A isto chamamos **distração**. Ou, ainda, por que não ficar ao lado do bebê enquanto ele brinca com o objeto que lhe chamou a atenção? A isto dizemos **supervisão**.

Desse modo, o *não* é um conceito muito abstrato para crianças menores de 3 anos. Temos que pensar que tanto os adultos, quanto as crianças, que vêm ao mundo sem saber nenhum idioma além do choro, aprendem uma nova língua associando primeiro imagens às palavras, e não existe um objeto concreto para representar a palavra *não*. Balançar o dedo ou a cabeça dizendo: *NÃO*, tem zero efeito para que a criança construa um significado em sua mente e deixe de fazer algo. Se precisássemos fazer uma mímica para que um estrangeiro abrisse a boca, seria mais fácil apertar nossos lábios, balançar a cabeça e dizer: *não fecha a boca?* ou abrir a nossa e dizer: *abre a boca?* É provável que fazendo a primeira ação conseguíssemos exatamente o contrário do nosso objetivo: ele fecharia a boca.

> (1 Coríntios 14:11 ARA) *Se eu, pois, ignoro a significação da voz, serei estrangeiro para aquele que fala; e ele, estrangeiro para mim.*

Ao abordar este tema do *não* na página do *Shalom Pompom*, recebi alguns comentários exclamando:

- ⃠ Falarei sim muitos *nãos* para meu filho! Ele tem que entender que não pode fazer o que quiser!

- ⃠ Ai, essa geração frágil que não sabe ouvir um *não*!

- ⃠ Os pais deixam de falar *não* para evitar que seus filhos se frustrem e estes terminam malcriados!

Bom ... você pode seguir falando ou gritando palavras para um estrangeiro que não entende o significado de nenhuma delas, e vai continuar apenas estressando-se, sem conseguir o que precisa dele, até ajustar sua comunicação para algo que em realidade funcione. Evitar falar a palavra *não* para os filhos não tem nada a ver com deixá-los fazer o que quiserem ou desviá-los de qualquer frustração da vida; é apenas entender que, do ponto de vista neurológico, falar: *vem aqui*, é muito mais eficaz que: *não vai lá*, ou: *desce daí* funciona melhor que: *não sobe aí*. Com isto, conseguimos evitar a frustração, não a de uma criança malcriada, mas a causada por qualquer problema de comunicação entre duas pessoas.

> (Provérbios 25:15 ARC) *Pela longanimidade se persuade o príncipe, e a língua branda quebranta os ossos.*

Anos atrás, uma pessoa me falou: *a palavra "sim" aparece 462 vezes na Bíblia, em 435 versículos, enquanto a palavra "não" aparece 8.409 vezes, em 6.772 versículos, devemos falar mais "nãos" que "sims" para nossos filhos!* Este é um silogismo bastante falho porque, sim, é evidente que a palavra *não* tem uma função muito importante no nosso vocabulário, mas ela deve ser utilizada de forma inteligente, sabendo que é muito mais relevante fazê-lo quando queremos ilustrar situações na cabeça de alguém de maneira proposital.

Façamos um teste: Neste momento, por favor, não pense em um prato de lasanha. Que imagem veio à sua cabeça? Sua mente obedeceu ao que acabou de ler? Provavelmente você fez justo o contrário do que pedi e imaginou um prato de lasanha; então, essa maneira de fazer você **não** pensar nele não funcionou e teria sido melhor pedir para que você pensasse em qualquer outra coisa, menos nessa.

Quando, fisicamente, estamos presentes com alguém, funciona muito melhor demonstrar o que a pessoa deve fazer para que nos imite, como fez Jesus quando esteve entre nós; mas se escrevemos sobre ou recordamos algo que deveria ser repreendido, e queremos que alguém ative sua imaginação, de propósito, para criar ou recriar essa situação em sua mente, então usaremos, de forma intencional, o *não* muitas vezes, como Deus faz na Bíblia e como tenho feito tantas vezes neste livro. Quando escrevo: *não grite com seu filho porque os gritos o fazem querer se afastar de você*, tenho toda a intenção de que o leitor da frase busque em sua memória ou crie imagens mentais de momentos em que grita com seus filhos e estes se afastam; porque, além disto, sei que me dirijo a um adulto, com amadurecimento cerebral bem estabelecido, que conseguirá usar o raciocínio lógico e a memória para entender a mensagem que quero transmitir.

> (Hebreus 5:14 ARA) *Mas o alimento sólido é para os adultos, para aqueles que, pela prática, têm as suas faculdades exercitadas para discernir não somente o bem, mas também o mal.*

Faça este outro teste com alguém perto de você: forme um círculo unindo o dedo indicador e o polegar de uma das suas mãos e peça para a pessoa imitá-lo. Em seguida, coloque esse círculo no queixo, ao mesmo tempo em que pede verbalmente para que essa pessoa o coloque na testa. Onde ela colocou o círculo? É provável que ignorou a palavra *testa* dita por você e colocou a mão onde visualizou você colocar: no queixo. Mesma coisa acontece com as crianças; o exemplo que damos, das ações que queremos que façam, tem muito mais impacto do que qualquer instrução falada. Na maioria das vezes que ordenamos que elas não façam algo, conseguimos exatamente o contrário, não porque elas querem nos desafiar, mas porque estamos usando uma comunicação que as confunde ou que elas ainda não estão prontas para entender e memorizar.

> (1 Coríntios 14:19 ARC) *Todavia eu antes quero falar na igreja cinco palavras na minha própria inteligência, para que possa também instruir os outros, do que dez mil palavras em língua desconhecida.*

Imaginemos que estamos passeando num país com um idioma completamente diferente do nosso; queremos chegar num lugar especial e, ao passar por debaixo de uma ponte, escutamos alguém gritar: *shumol!*; este grito nos chama a atenção, então olhamos para trás e vemos uma pessoa brava repetindo: *shumol! Catilu matu suricon lalaki, trutopo jilo xopani guprizol! Lalihu muyiquo tryuko sucapruti*, e outras palavras estranhas. Se continuamos olhando ao redor e não enxergamos nenhum perigo, talvez pensemos que se trata de um louco. Vemos pela sua cara que algo a incomoda, mas não temos a menor ideia do que pode ser, então nos afastamos dessa pessoa assustadora e seguimos nosso caminho. O mesmo acontece com as crianças antes de conseguirem entender logicamente nossas complexas explicações do porquê algo é indevido.

Agora imaginemos essa mesma situação: ao escutar alguém gritar: *shumol!*, olhamos para trás e a pessoa se aproxima falando: *catilu matu suricon lalaki, trutopo,* com mímicas que apontam para a ponte acima de nós e fazendo movimentos com a mão para imitar algo que cai, expressando dor enquanto dá palmadinhas na própria cabeça e nos puxa para a outra direção. Nesse momento, não temos a menor ideia do que significa *catilu matu suricon lalaki, trutopo*, mas é mais provável que caminhemos com ele para a outra direção indicada, porque foi possível entender que algo cairá sobre nossa cabeça: as mímicas e as expressões no rosto do estrangeiro funcionaram com perfeição. Com as crianças isto também é verdade, quanto mais mímicas e expressões fizermos, mais entenderão o que queremos dizer.

> Uma pausa na história para uma informação adicional: como menciona o versículo anterior, estudos sugerem que devemos dar instruções de no máximo 5 palavras às crianças na primeira infância, porque longas explicações acabam sendo contraproducentes.

Voltando ao exemplo, pode ser que nosso cérebro memorize que *shumol!* significa *cuidado!*, *não!* ou qualquer outra expressão de alerta, mas ainda não teremos entendido *catilu matu suricon lalaki, trutopo,* e não saberemos se a advertência foi algo daquele exato momento, se durará todo aquele dia ou se depois poderemos passar por aquele caminho que tinha nos chamado tanto a atenção. Então, no dia seguinte fazemos uma nova tentativa, começamos a passar por debaixo dessa ponte e a mesma pessoa do dia anterior se aproxima, desta vez com muita raiva, e repete as mesmas palavras enquanto tenta nos bater. Como nos sentiríamos? Seria isto suficiente para que decidíssemos nunca mais percorrer esse caminho?

Pois o mesmo acontece com as crianças. Ao não conseguirem memorizar instruções por muito tempo, nem entender a lógica por trás das nossas proibições, pode ser que elas continuem tentando realizar o que sua curiosidade natural desperta, não para desafiar-nos, mas porque não veem nenhum sentido em deixar de fazê-lo. Na nossa história fictícia, se finalmente traduzíssemos o tal *catilu matu suricon lalaki, trutopo*, aí sim tomaríamos a decisão consciente de nunca mais ir por esse caminho, ou esperar o tempo necessário para passar por ele; inclusive, quem sabe, descobriríamos que o estrangeiro era em realidade um louco e que não havia perigo nenhum ao passar por ali.

> (1 Coríntios 14:23 ARC) *Se, pois, toda a igreja se congregar num lugar, e todos falarem línguas estranhas, e entrarem indoutos ou infiéis, não dirão, porventura, que estais loucos?*

Há ainda um efeito *mágico* no *não*. As proibições que não entendemos despertam em muitos — tanto adultos quanto crianças —, a necessidade de alcançar o que nos é negado. Nossa natureza é curiosa e criativa porque Deus nos criou à Sua semelhança, logo, temos a tendência de querer descobrir por nós mesmos se algo vale a pena, se pode ser manipulado ou transformado, e isto se torna ainda mais atrativo quando nos é negado, porque se converte num desafio a ser superado.

Logo, devemos ser gratos por essa natureza, pois é por ela que inventamos tudo o que foi feito até hoje; mas também devemos levá-la em conta para saber como usar sabiamente o *não* com os filhos. Por exemplo, se começamos a proibir a criança de pegar o celular da nossa mão, este objeto, que tanto manipulamos e que parece tão interessante, se tornará ainda mais atrativo para sua curiosidade. O melhor é, em um ambiente seguro, supervisioná-la enquanto pega o aparelho, esperar até que o vire de um lado para o outro, e ver como, de maneira natural, ela perde o interesse quando percebe sozinha que o único que consegue é ativar a tela de desbloqueio.

Minha filha, que enquanto escrevo tem 1 ano e 6 meses, percebeu muito rápido que não consegue fazer nada com meu celular, mas sabe que de lá vêm as musiquinhas que gosta, então sempre que quer ouvir uma, pega o celular e me entrega de imediato, sem perder tempo tentando fazer algo com ele.

Na página do Instagram, recebi o comentário da mãe de uma criança de aproximadamente 2 anos que dizia: *pedi 3 vezes para meu filho não colocar um prego na tomada e ele não obedeceu, então bati nele para que aprendesse a não mexer onde não deve.* Na mesma hora, pensei em como nós adultos caímos no absurdo de exigir que uma criança de 2 anos entenda que aquele buraquinho da tomada tem fios de cobre, que conduzem corrente elétrica e que, ao colocar um objeto de metal ali, essa corrente é conduzida para o nosso corpo, causando dor ou até nos matando...

Somos nós, os adultos *racionais,* que devemos prevenir essas situações, preparando nossa casa para receber uma criança, colocando protetor nas tomadas e tirando objetos perigosos, como pregos, de seu alcance.

Se quisermos bater no nosso filho para ensiná-lo a não mexer em coisas que nem sequer o impedimos de alcançar, passaremos o dia todo batendo no coitado, porque ele não tem capacidade neural para entender causas e consequências tão complexas. Castigaremos o pequeno por algo que não tem controle e descarregaremos nele a consequência da nossa própria falta de inteligência.

> (2 Timóteo 2:24-25 NVI) *Ao servo do Senhor não convém brigar mas, sim, ser amável para com todos, apto para ensinar, paciente. Deve corrigir com mansidão os que se*

> *lhe opõem, na esperança de que Deus lhes conceda o arrependimento, levando-os ao conhecimento da verdade.*

Existem muitos estudos interessantes sobre a memória das crianças. Alguns divergem um pouco sobre a idade, mas mostram que há diferentes tipos de memória nas diversas etapas do desenvolvimento infantil. A *implícita*, por exemplo, é inconsciente e desde muito cedo tem efeitos a longo prazo; esta memória pode ser a que *guarda* a sensação de segurança ou medo desde que estamos na barriga da nossa mãe. Por outro lado, a *declarativa*, é uma memória consciente que é muito curta antes dos dois anos de idade.

Um estudo sugere, por exemplo, que a memória consciente de um bebê de 6 meses de idade dura em torno de 24 horas e a de um bebê de 9 meses, dura 30 dias. O desenvolvimento infantil exige de nós **muita** paciência, porque exige também **muita** repetição até que nossos filhos comecem, de fato, a entender e memorizar os limites que queremos ensinar-lhes.

Há uma frase que gosto muito de Maya Angelou, que ilustra bem a memória implícita comparada com as outras memórias: **as pessoas podem não lembrar exatamente o que você fez, ou o que você disse, mas elas sempre lembrarão como você as fez sentir.** Assim, também deveríamos deixar que as crianças armazenem seu próprio *banco de dados* de consequências naturais, evitando que guardem memórias implícitas ruins de pais que, a todo momento, querem impedi-las de fazer coisas que nem sequer são capazes de entender o motivo.

Viver as consequências naturais cria, ao mesmo tempo, o sentido de autorresponsabilidade, para que no dia de amanhã os filhos não digam: *ah, foi culpa dos meus pais, fiz porque não me proibiram,* ou: *eu poderia ter tentado e conseguido, mas meus pais me proibiram*; como se os demais tivessem culpa de suas próprias decisões.

Dito isso, ao invés de repetir ou gritar: *não! não!*, para evitar que os filhos tropecem ao correr, por exemplo, faz bem deixar que isto aconteça — óbvio, em um ambiente controlado que não ofereça riscos graves —; e, assim, eles testarão suas próprias limitações para criar prudência. Num outro exemplo, é melhor deixar a criança ir para debaixo da mesa e bater a cabecinha algumas vezes ao tentar levantar-se, estabelecendo sua própria noção de espaço corporal — e, inclusive, decidindo por si só já não voltar lá —, a que sejamos nós os causantes da dor com palmadas ou broncas para impedi-la de colocar-se nessa situação. Nesses momentos, podemos até aproveitar para fazê-la entender o significado da palavra *machucar*, fazendo cara de dor e falando: *machucou, né?*; assim, mais adiante, fará muito mais sentido quando falarmos: *o que você faz, machuca.*

(Provérbios 22:3 ARA) *O prudente vê o mal e esconde-se; mas os simples passam adiante e sofrem a pena.*

Há outras maneiras de dizer-se *não*, incluindo, por incrível que pareça, o uso do *sim* para evitar a resistência, não só das crianças, mas das pessoas em geral, porque, lembre-se, nós, adultos, também temos muito conflito com algo que nos é negado. Vejamos alguns exemplos:

- ✖ **Negação negativa**: Você está proibido de pintar a parede!

- ✓ **Negação positiva:** Claro que você pode desenhar, mas vamos usar todos estes papéis para isto e, depois, podemos colá-los nesta parede especial que reservei para você.

- ✖ **Negação negativa:** Não pode bater!

- ✓ **Negação positiva:** Tuas mãozinhas servem para algo muito melhor, faz um carinho no rosto da mamãe.

- ✖ **Negação negativa:** Você não pode sair! Ainda não terminou de estudar.

- ✓ **Negação positiva:** Claro que você pode sair, assim que você terminar sua lição de casa.

- ✘ **Negação negativa:** Não vou te comprar um brinquedo novo! Você já tem demais!

- ✓ **Negação positiva:** Ok! Compramos o brinquedo que você pediu, mas primeiro escolhe um dos seus, que você já não usa, e vamos doar para uma criança de rua.

- ✘ **Negação negativa:** Não! Não comprarei agora, vai ter que esperar até o Natal!

- ✓ **Negação positiva:** Ok! Junta a metade do dinheiro e eu dou a outra metade para comprarmos no Natal.

Experimente usar esta ferramenta com todos ao seu redor, substituindo negações por alternativas, e você verá como terão uma reação muito mais aberta às suas respostas ou propostas. No mundo profissional, por exemplo, se um cliente pede um prazo mais longo para pagar algo, ao invés de dizer: *não é possível*, podemos responder: *claro que sim, só é necessário pagar 5% de juros pelo financiamento adicional*.

Numa negociação, o *sim* com opções é muito mais poderoso do que o *não*, pois permite que pessoas tomem decisões conscientes e deixem de tentar conseguir algo de nós, sem pensar no custo de oportunidade que isto representa. Nas relações interpessoais, que incluem a educação dos filhos, negociamos o tempo todo, e uma boa negociação não é quando conseguimos fazer com que o outro perca, mas quando ambos percebem o que estão ganhando, com direitos respeitados e deveres bem comunicados.

Lembre-se, antes dos 5 anos de idade — em especial antes dos 3 —, quando não há suficiente maturidade cerebral para que a criança use a lógica e a empatia para deixar de fazer algo, por causa das consequências envolvidas, as melhores ferramentas que temos são a **substituição**, a **distração** e a **supervisão**; estratégias estas valiosíssimas para conectar-nos com o nível de desenvolvimento dos nossos pequenos e escapar mais da nossa própria frustração do que da deles. Ao mesmo tempo, devemos pensar nas nossas crianças como estrangeiros a quem ensinamos um novo idioma, usando, exagerando e abusando das **mímicas** e **expressões do rosto** para dar significado às nossas palavras.

> (Hebreus 5:13 ARC) *Ora, todo aquele que se alimenta de leite é inexperiente na palavra da justiça, porque é criança.*

Inteligência Emocional / Sabedoria

> (Efésios 4:26 ARC) *Irai-vos e não pequeis; não se ponha o sol sobre a vossa ira.*

Na Bíblia, há muitos versículos que falam sobre a ira de Deus. Ele se ira e, sendo justo como é, não nos impede de sentir o mesmo, somente nos pede que a saibamos identificar, viver e controlar, sem que nos deixemos dominar por ela ao ponto de pecar — nos ferir ou ferir os demais —; nem que nos permitamos passar dias alimentando-a dentro do nosso coração. Se Deus age assim conosco, por que os adultos têm tanta dificuldade em aceitar que as crianças também podem irar-se e tentam proibi-las de viver esse sentimento?

Precisamos parar de dizer às crianças que não podem ficar bravas e começar a mostrar-lhes como reagir quando isto acontece, encontrando formas de fazer a calma voltar e tomando atitudes que transformem a raiva em algo produtivo. Devemos criar nossos filhos em um ambiente onde descobrirão que ser feliz não significa sentir-se feliz o tempo todo, mas saber o que fazer com os sentimentos de indignação, tristeza e frustração que, por muitas vezes, invadirão seu corpo e sua mente ao longo da vida.

> (Salmos 85:3 ARC) *Fizeste cessar toda a tua indignação; desviaste-te do ardor da tua ira.*

Como sempre, o exemplo parte primeiro de nós adultos, porque os filhos são nossos imitadores. O rigor é ainda mais alto para que nós mesmos acertemos antes de exigi-lo aos filhos que Deus nos entregou para serem nossos discípulos. Nosso cérebro adulto, mais desenvolvido e racional, é capaz de encontrar saídas para controlar as próprias emoções, mas nem sempre temos sucesso nisto, menos ainda se não tivermos recebido um bom exemplo de autocontrole emocional por parte dos nossos pais e avós.

Portanto, se nós mesmos temos dificuldade em voltar para a calma cada vez que nos iramos, ou em converter esse impulso em algo produtivo, não faz sentido exigir essa perfeição dos nossos filhos. Não seremos pais perfeitos e não teremos filhos assim, mas somos pais em busca do aperfeiçoamento contínuo através da empatia, ensinando este mesmo objetivo aos nossos filhos. Esta busca não é um fardo pesado nem para nós nem para eles, porque não traz a cobrança de viver de aparências, mas traz o alívio de criar uma relação na qual, de ambos os lados, haverá menos julgamentos e mais colaboração para alcançar o mesmo objetivo: *te entendo, para mim também é difícil, mas como podemos fazer melhor?*

Quando digo que é possível transformar a ira em algo produtivo, é porque ela também é essencial para gerar em nós o impulso necessário que nos tira da zona de conforto e nos faz criar mudanças importantes para nosso entorno, sem esperar que alguém mais o faça por nós.

Sempre conto que o *Shalom Pompom* nasceu de dois momentos de raiva: minha filha tinha aproximadamente 2 meses quando, em um grupo de mães no *WhatsApp*, mandaram um vídeo da psicóloga brasileira Fernanda Perim e, ao assistir o que ela explicava, tudo me fez tanto sentido, que comecei a pesquisar mais sobre diferentes métodos de educação respeitosa. Rapidamente me apaixonei pelo assunto e falei para meu esposo: *amor, encontrei um tesouro que pode transformar o mundo, mais pessoas precisam saber disto!* Então, procurei alguma página cristã que falasse sobre o tema à luz da Palavra e o único que encontrei, para minha tristeza, foi um texto muito infeliz dizendo que *essas teorias de educação são uma tolice*, que a Bíblia é clara sobre a necessidade de aplicar castigos físicos nos filhos, e que mesmo bebês de poucos meses de idade são capazes de manipular seus pais para conseguir o que querem...

Aquilo ardeu no meu coração e senti muita raiva, porque me dei conta que há cristãos que, mesmo tendo escutado sobre uma melhor maneira de disciplinar os filhos, escolhem viver na ignorância, fazendo afirmações horrorosas que confundem outros pais e privam crianças de receberem uma educação que as prepare, realmente, para serem a *noiva prudente e sensata*, pronta para a volta de Jesus.

O segundo momento de raiva, que me levou a criar o *Shalom Pompom,* foi quando contei o que estava aprendendo para uma pessoa próxima que batalhava com sua filha de 2 anos. Sempre que eu lhe sugeria algo, ela encarava como uma afronta e me ridicularizava ao ponto de dizer, de forma agressiva, que eu estava usando minha filha como cobaia e que era ridículo ficar procurando métodos de educação, porque tudo se resolvia espiritualmente; rejeitando minhas tentativas de explicar-lhe que os estudos comportamentais se baseiam em pesquisas de muitos anos, com diferentes entornos e crianças, e que a ciência é o próprio Espírito Santo.

Zanguei-me tanto com essas duas situações que, depois de meditar por muitos dias com Deus, decidi começar meu próprio projeto, com o qual mostraria aos cristãos como disciplinar na graça e daria base teológica à educação não-violenta. Graças a Deus, a dureza de seus corações me fez sentir ira, mas Ele me ajudou a transformá-la em algo produtivo para outras famílias. Por isso, a raiva é importante, a calma é importante, e o equilíbrio entre esses dois momentos nos fará vencer o mal com o bem.

> (Romanos 12:21 ARC) *Não te deixes vencer do mal, mas vence o mal com o bem.*

Na parábola abaixo, veremos uma situação em que Deus se ira. Jesus usou essa parábola para contar o quão bravo Deus fica diante de pessoas que já o conhecem, mas que, por andarem ocupados demais com seus tesouros na Terra, recusam-se a aceitar o convite de ter comunhão com Ele e a receber a benção de seus ensinamentos. Isto Lhe causa tanta frustração que, sem necessidade de proferir ofensas, Ele rejeita aqueles que diziam ser seus amigos e aplica neles a consequência lógica de não permitir que façam parte daquele momento de comunhão, oferecendo então o alimento — o Espírito —, aos que não O conheciam, em lugar dos primeiros.

É bom ressaltar que Deus, com firmeza, não deixará que esses amigos displicentes façam parte daquela *ceia* específica, mas, havendo verdadeiro arrependimento, irá recebê-los de novo para estarem em comunhão em outro momento, porque Suas misericórdias se renovam a cada manhã e Sua indignação não dura para sempre. Assim também devemos agir, permitindo-nos sentir raiva, tomando uma atitude a respeito, mas livrando-nos do veneno do rancor. O homem desta parábola não deixou de sentir raiva pelo descaso dos seus convidados, mas, ao invés de ir tirar satisfação e brigar com eles, preferiu afastar-se e oferecer seu banquete aos necessitados. Este é um ótimo exemplo bíblico de como uma pessoa indignada, frustrada ou com raiva, pode usar seu sentimento com inteligência para fazer um bem maior e alcançar a vida de muitas pessoas.

> (Lucas 14:16-24 ARC) *Porém ele lhe disse: Um certo homem fez uma grande ceia e convidou a muitos. E, à hora da ceia, mandou o seu servo dizer aos convidados: Vinde, que já tudo está preparado. E todos à uma começaram a escusar-se. Disse-lhe o primeiro: Comprei um campo e preciso ir vê-lo; rogo-te que me hajas por escusado. E outro disse: Comprei cinco juntas de bois e vou experimentá-los; rogo-te que me hajas por escusado. E outro disse: Casei e, portanto, não posso ir. E, voltando aquele servo, anunciou essas coisas ao seu senhor. Então, o pai de família, indignado, disse ao seu servo: Sai depressa pelas ruas e bairros da cidade e traze aqui os pobres, e os aleijados, e os mancos, e os cegos. E disse o servo: Senhor, feito está como mandaste, e ainda há lugar. E disse o senhor ao servo: Sai pelos caminhos e atalhos e força-os a entrar, para que a minha casa se encha. Porque eu vos digo que nenhum daqueles varões que foram convidados provará a minha ceia.*

Inteligência Emocional / Sabedoria

> (Lamentações 3:22-23 ARC) *As misericórdias do Senhor são a causa de não sermos consumidos; porque as suas misericórdias não têm fim. Novas são cada manhã; grande é a tua fidelidade.*

E como podemos ser inteligentes? O psicólogo Howard Gardner identificou que todas as pessoas possuem sete tipos de inteligência, em maior ou menor grau: inteligência *lógico-matemática*, inteligência *linguística*, inteligência *musical*, inteligência *espacial*, inteligência *corporal-cinestésica* — ou motora —, inteligência *interpessoal* — capacidade de identificar e interpretar as emoções dos outros — e inteligência *intrapessoal* — capacidade de identificar e interpretar as emoções de si mesmo —. Por sua vez, o jornalista e psicólogo Daniel Goleman aprimorou o conceito da *inteligência emocional*, que seria mais ou menos uma mistura da inteligência interpessoal com a intrapessoal, explicadas por Gardner; é aquela a que, nos dias de hoje, faz mais diferença para alcançar bênçãos tanto na nossa vida pessoal como na profissional.

> (1 Coríntios 12:8-11 ARC) *Porque a um, pelo Espírito, é dada a palavra da sabedoria; e a outro, pelo mesmo Espírito, a palavra da ciência; e a outro, pelo mesmo Espírito, a fé; e a outro, pelo mesmo Espírito, os dons de curar; e a outro, a operação de maravilhas; e a outro, a profecia; e a outro, o dom de discernir os espíritos; e a*

> *outro, a variedade de línguas; e a outro, a interpretação das línguas. Mas um só e o mesmo Espírito opera todas essas coisas, repartindo particularmente a cada um como quer.*
>
> (1 Coríntios 13:2 ARC) *E ainda que tivesse o dom de profecia, e conhecesse todos os mistérios e toda a ciência, e ainda que tivesse toda a fé, de maneira tal que transportasse os montes, e não tivesse amor, nada seria.*

Em vista disso, o ser humano já é capaz de programar a tecnologia, as máquinas e os robôs para realizarem tarefas lógicas, linguísticas, musicais, espaciais e motoras, mas a inteligência emocional é algo que um objeto programado ainda não é capaz de fazer por nós. Podemos, sem ser um gênio da matemática, utilizar um computador para realizar centenas de operações financeiras num mesmo dia, ou, sem saber tocar nenhum instrumento musical, usar um celular para animar uma festa de aniversário, mas, graças a Deus, ainda somos responsáveis por criar e manter relacionamentos com outras pessoas para vivermos bem em sociedade.

Em suma, aqueles que sabem comportar-se emocionalmente da forma mais inteligente, promovendo a empatia e sabendo ler as reações dos demais, são os que têm mais oportunidades de prosperar, porque ter inteligência emocional é ter *sabedoria*, tal como tinha Salomão.

(1 Reis 3:22-28 ARC) *Então, disse a outra mulher: Não, mas o vivo é meu filho, e teu filho, o morto. Porém esta disse: Não, por certo, o morto é teu filho, e meu filho, o vivo. Assim falaram perante o rei. Então, disse o rei: Esta diz: Este que vive é meu filho, e teu filho, o morto; e esta outra diz: Não, por certo; o morto é teu filho, e meu filho, o vivo. Disse mais o rei: Trazei-me uma espada. E trouxeram uma espada diante do rei. E disse o rei: Dividi em duas partes o menino vivo: e dai metade a uma e metade a outra. Mas a mulher cujo filho era o vivo falou ao rei (porque o seu coração se lhe enterneceu por seu filho) e disse: Ah! Senhor meu, dai-lhe o menino vivo e por modo nenhum o mateis. Porém a outra dizia: Nem teu nem meu seja; dividi-o antes. Então, respondeu o rei e disse: Dai a esta o menino vivo e de maneira nenhuma o mateis, porque esta é sua mãe. E todo o Israel ouviu a sentença que dera o rei e temeu ao rei, porque viram que havia nele a sabedoria de Deus, para fazer justiça.*

Moral da história, muitos pais se preocupam em demasia em fazer com que seus filhos sejam os primeiros a falar, caminhar ou resolver problemas matemáticos, até o ponto de encarar isto como uma *competição* com outros pais, mas negligenciam a educação emocional.

Inteligência Emocional / Sabedoria

Certa vez escutei de um amigo: *estou com um problema nas costas, porque passei dois meses agachado, segurando as mãozinhas do meu filho para ensiná-lo a caminhar.* Também ouvi minha mãe dizer com orgulho: *não deixei nenhum de vocês 5 engatinharem, todos começaram direto a caminhar.* Tanto meu amigo como minha mãe colocaram sobre eles o peso de um esforço desnecessário, já que hoje em dia foi demonstrado que engatinhar é algo primordial para que os bebês desenvolvam bem os dois hemisférios do cérebro, a coordenação motora, a noção de espaço e evita problemas como a dislexia. Existem outros pais que fazem da introdução alimentar um pesadelo, querendo obrigar os bebês a aceitarem os alimentos sólidos de um dia para o outro, na quantidade que os adultos acham que devem comer.

Pais que forçam bebês a seguirem o ritmo dos adultos criam situações muito desgastantes e frustrantes — tanto física quanto emocionalmente —, e acabam ficando sem energia para desfrutar, com leveza, do desenvolvimento de seus filhos, tornando-se pais pouco amorosos, cansados, emocionalmente desequilibrados e, com frequência, mal-humorados; esperando, sem sucesso, que as crianças retribuam este mau humor com boa vontade. Já sabemos que, na verdade, os filhos copiarão o mesmo comportamento mal-humorado dos pais e criar-se-á um ambiente de brigas e tensões.

> (Provérbios 2:3-11 ARC) *...e, se clamares por entendimento, e por inteligência alçares a tua voz, se como*

> *a prata a buscares e como a tesouros escondidos a procurares, então, entenderás o temor do Senhor e acharás o conhecimento de Deus. Porque o Senhor dá a sabedoria, e da sua boca vem o conhecimento e o entendimento. Ele reserva a verdadeira sabedoria para os retos; escudo é para os que caminham na sinceridade, para que guarde as veredas do juízo e conserve o caminho dos seus santos. Então, entenderás justiça, e juízo, e equidade, e todas as boas veredas. Porquanto a sabedoria entrará no teu coração, e o conhecimento será suave à tua alma. O bom siso te guardará, e a inteligência te conservará.*
>
> *(Provérbios 22:24-25 ARC) Não acompanhes o iracundo, nem andes com o homem colérico, para que não aprendas as suas veredas e tomes um laço para a tua alma.*

Devemos promover um ambiente que ajude a desenvolver cada uma das inteligências em nossos filhos, mas Deus nos conta na Bíblia que a sabedoria — a inteligência emocional — é a mais valiosa entre todas, pois é através dela que produzimos o tão desejado *fruto do Espírito*. Quando aprendemos a identificar nossas emoções, vivê-las e controlá-las, trazemos paz e conciliação por onde passamos, porque a sabedoria não motiva guerras, nem contendas nem julgamentos, ela traz Jesus.

(Provérbios 4:5 ARC) *Adquire a sabedoria, adquire a inteligência e não te esqueças nem te apartes das palavras da minha boca.*

(Provérbios 4:7 ARC) *A sabedoria é a coisa principal; adquire, pois, a sabedoria; sim, com tudo o que possuis, adquire o conhecimento.*

(Provérbios 8:11 ARA) *Porque melhor é a sabedoria do que joias; e de tudo o que se deseja nada se pode comparar com ela.*

(Provérbios 12:16 ARA) *A ira do insensato num instante se conhece, mas o prudente oculta a afronta.*

(Eclesiastes 9:18 ARC) *Melhor é a sabedoria do que as armas de guerra, mas um só pecador destrói muitos bens.*

(Tiago 3:13 ARC) *Quem dentre vós é sábio e inteligente? Mostre, pelo seu bom trato, as suas obras em mansidão de sabedoria.*

(Provérbios 19:12 ARC) *Como o bramido do filho do leão é a indignação do rei; mas, como o orvalho sobre a erva, é a sua benevolência.*

> (Tiago 3:17 ARC) *Mas a sabedoria que vem do alto é, primeiramente, pura, depois, pacífica, moderada, tratável, cheia de misericórdia e de bons frutos, sem parcialidade e sem hipocrisia.*
>
> (Gálatas 5:22-23 ARC) *Mas o fruto do Espírito é: amor, gozo, paz, longanimidade, benignidade, bondade, fé, mansidão, temperança. Contra essas coisas não há lei.*

Dessa forma, toda essa instrução, trazida pelas sagradas palavras bíblicas, nos faz refletir nos seguinte: pais que pensam que estão educando com sabedoria sendo iracundos, briguentos, violentos, castigadores, demasiado firmes, com a ideia de que não podem demonstrar nenhum tipo de fraqueza, e que repetem aquela velha frase que diz: *os pais não podem ser amigos dos seus filhos*, agem conforme sua sabedoria humana e vão na direção contrária da sabedoria de Deus, sendo soberbos, contenciosos e demonstrando pobre inteligência emocional, sem produzir o fruto do Espírito.

> (Provérbios 13:10 ARC) *Da soberba só provém a contenda, mas com os que se aconselham se acha a sabedoria.*
>
> (1 Coríntios 2:5 ARC) *...para que a vossa fé não se apoiasse em sabedoria dos homens, mas no poder de Deus.*

Não só podemos ser amigos de nossos filhos, como devemos sê-lo. A diferença está no tipo de amigos que seremos para eles e para todos à nossa volta. Existem aqueles que aplaudem tudo o que fazemos, mesmo que seja algo que não convém, dando palmadinhas nas costas que levam ao abismo, mas há amigos que são capazes de polir-nos com perguntas e conselhos, os quais nos fazem perceber nosso erro. Por exemplo, diante de uma infidelidade não faltarão os maus amigos que dirão: *é isso mesmo, você deve viver o amor e ser feliz*; mas há desses bons amigos que, sem julgamentos, mas com firmeza e amor, dirão: *entendo que as tentações podem vir para todos, eu também, a qualquer momento, posso ser tentando a desistir do meu casamento, mas você acha que isso é o melhor para sua família? Você está disposto a entrar em uma disputa por pensão alimentícia, a ter que dividir a guarda de seus filhos e a ferir os sentimentos de tantas pessoas, sabendo que também terá consequências espirituais? Por que você não tenta resolver seus problemas buscando aconselhamento ou terapia familiar? Quero te ajudar.*

> (Provérbios 8:12 ARC) *Eu, a Sabedoria, habito com a prudência e acho a ciência dos conselhos.*
>
> (Provérbios 18:24 ARC) *O homem que tem muitos amigos pode congratular-se, mas há amigo mais chegado do que um irmão.*

(Provérbios 23:23 ARC) *Compra a verdade e não a vendas; sim, a sabedoria, e a disciplina, e a prudência.*

Nós, cristãos, podemos ser bons amigos e sábios conselheiros dos nossos filhos, abrindo a porta do diálogo para que eles queiram correr até nós em busca de uma opinião, conectando nossas emoções com as deles, mostrando que também atravessamos as mesmas dificuldades, e agindo com prudência ao invés de limitar-nos a gritar comandos, impondo-lhes o que queremos que façam. Jesus nos ensinou exatamente isto, nos seguintes versículos diz que seremos seus amigos quando fizermos o que Ele manda, mas termina dizendo-nos que essa ordem se trata somente de agir com empatia. Se Ele nos chama *amigos*, por que não poderíamos ser o mesmo para nossos filhos, já que nossa amizade é o que precisam para crescer emocionalmente e produzir o bom fruto?

> (João 15:14-17 ARC) *Vós sereis meus amigos, se fizerdes o que eu vos mando. Já vos não chamarei servos, porque o servo não sabe o que faz o seu senhor, mas tenho-vos chamado amigos, porque tudo quanto ouvi de meu Pai vos tenho feito conhecer. Não me escolhestes vós a mim, mas eu vos escolhi a vós, e vos nomeei, para que vades e deis fruto, e o vosso fruto permaneça, a fim de que tudo quanto em meu nome pedirdes ao Pai ele vos conceda. Isto vos mando: que vos ameis uns aos outros.*

Recordemos que o Espírito Santo é a ciência e quanto mais ciência, mais sabedoria, que é o fruto do Espírito, *a inteligência emocional*.

Então, se a sabedoria é o fruto da ciência, como podemos alcançar e ensinar inteligência emocional? Igual que com todas as outras inteligências: com educação, treinamento, insistência, persistência e, claro, com a direção de Deus.

Se cremos que fazemos a criança ser mais forte dizendo-lhe: *para de chorar, não foi nada!*, quando cai, não percebemos que conseguimos, na realidade, o contrário; porque os sentimentos reprimidos por broncas não são sentimentos superados, mas acabam acumulando-se até que a criança os externe de outras maneiras: sendo rebelde, respondão ou com problemas para socializar com os outros. A forma mais inteligente de responder ao choro de uma criança, desde o aspecto emocional, é primeiro fazê-la sentir-se acolhida: *vi que você caiu, onde machucou? Quer um beijo para passar a dor?* Tem gente que diz que isto fará com que ela fique manhosa e queira chorar por qualquer machucado para ganhar um beijo. Bom, se o único momento em que a criança ganha carinho é quando se machuca, com certeza isso pode acontecer; mas uma que recebe suficiente atenção e afeto não precisará usar esse tipo de artifício para ganhar um simples beijo.

> (Salmos 22:24 ARC) *Porque não desprezou nem abominou a aflição do aflito, nem escondeu dele o seu rosto; antes, quando ele clamou, o ouviu.*

O mesmo ocorre quando a criança começa a espernear porque os pais lhe negaram um sorvete. Ao invés de querer, com rispidez, fazer com que se cale, funciona melhor falar: *eu também fico chateado quando não posso ter algo que quero, mas nem sempre é possível ter o que queremos. Quer um abraço ou quer continuar caminhando?*

Nesse sentido, achamos que a *birra* é coisa de criança, mas os adultos também fazem birra. Este momento é conhecido como *sequestro da amígdala*. A amígdala cerebral é uma região localizada na área inferior do cérebro e faz parte do sistema límbico, responsável pelas emoções. De acordo com Goleman, as informações que recebemos chegam primeiro nela e somente depois vão para o neocórtex — sistema racional —, fazendo com que, se a informação recebida é muito intensa, a amígdala reaja de imediato e dê uma ordem ao corpo para fugir ou atacar, sem que haja suficiente tempo para que o neocórtex elabore um plano de ação racional. A raiva, tanto em adultos quanto em crianças, acontece quando passamos pelo *sequestro da amígdala*, porque nosso corpo se prepara com força e agressividade para combater um suposto inimigo.

Por essa razão, no passado, era coerente que fôssemos seres mais raivosos, porque as ameaças físicas que vivíamos eram muitas, assim como faz sentido que os animais sejam agressivos. Quando morávamos em cavernas, por exemplo, um ser humano muito pacífico não teria chances de sobreviver se não tivesse algum outro companheiro mais agressivo para protegê-lo. Na época das conquistas, os povos que partiam para o ataque primeiro eram os que tinham mais chances de sobreviver e dominar; mas hoje em dia nossa realidade é outra.

Graças a Deus, na atualidade, os desafios que enfrentamos são mais intelectuais que físicos, pois já conseguimos desenvolver muitas coisas para nossa segurança: moramos em casas e não em florestas; estabelecemos regras de convivência com os idiomas e com a escrita — não mais com gritos e lutas —; e podemos comprar e estocar nossos alimentos sem precisar correr atrás de um animal no meio do mato. Como indiquei antes, hoje, quem tem mais chance de sobreviver com sucesso é aquele que consegue desenvolver sua sabedoria e dominar suas emoções, não quem cria contendas e ameaça a todos a seu redor, como se fosse um gorila furioso.

> (Eclesiastes 7:10 ARC) *Nunca digas: Por que foram os dias passados melhores do que estes? Porque nunca com sabedoria isso perguntarias.*

E se refletirmos detidamente sobre essa questão, cristãos que se afirmam conservadores, que vivem nostálgicos do passado e afirmam que antigamente havia mais ordem, porque as crianças sabiam respeitar os adultos apenas com um olhar furioso dos pais, demonstram um profundo desconhecimento da essência de Deus, além de falta de sabedoria. Ele não é conservador, Ele transforma nosso conhecimento constantemente e tem feito isto desde o primeiro dia da Criação, com o fim de tirar-nos de um passado animal e aproximar-nos cada vez mais de Sua inteligência divina.

> (2 Coríntios 5:17 ARC) *Assim que, se alguém está em Cristo, nova criatura é: as coisas velhas já passaram; eis que tudo se fez novo.*

Da mesma forma, enganam-se os progressistas quando afirmam que a sensualidade e a promiscuidade são uma via de avanço e liberdade, porque este tipo de comportamento nos aproxima ainda mais da nossa natureza animal e nos faz voltar a um passado do qual queremos afastar-nos. A humanidade não deve buscar ser conservadora ou progressista, deve tentar ser prudente, entendendo que, só através da educação e do desenvolvimento de todas as inteligências que temos, podemos trazer segurança, saúde e bem comum.

> (Provérbios 7:4-5 ARC) *Dize à Sabedoria: Tu és minha irmã; e à prudência chama tua parenta; para te guardarem da mulher alheia, da estranha que lisonjeia com as suas palavras.*

Assim, não só a Bíblia nos alerta que a promiscuidade é um problema, como também a ciência: um estudo publicado na revista especializada *Social Psychology Quarterly*, que tem como autor o especialista em psicologia evolutiva da *London School of*

Economics, Satoshi Kanazawa, aponta que homens inteligentes estão mais propensos a valorizar a exclusividade sexual do que aqueles menos inteligentes, destacando a infidelidade como algo relacionado a um baixo intelecto.

Portanto, ao invés de nos preocuparmos em proibir nossos filhos adolescentes de sequer falar sobre sexo, achando que teremos total controle sobre suas 24h do dia para evitar que caiam em tentação, o melhor é manter suas mentes ocupadas e abertas ao diálogo, explicando-lhes a importância de amarem e preservarem seus próprios corpos, as consequências de uma gravidez indesejada e os riscos de uma doença sexualmente transmissível. Também é válido levá-los a visitar instituições dedicadas ao tratamento do HIV, ou a passar um dia cuidando de crianças em um orfanato, para que vejam de perto o que a irresponsabilidade sexual pode trazer-lhes de consequência natural. Assim, aumentam as chances de que decidam, por suas próprias conclusões, não se envolverem em atos de promiscuidade, e não tratar o sexo com tabu ou mistério, nem com idolatria ou descontrole.

> (1 Coríntios 6:18 ARC) *Fugi da prostituição. Todo pecado que o homem comete é fora do corpo; mas o que se prostitui peca contra o seu próprio corpo.*

Isto posto, validar as emoções de nossos filhos e conectar suas dificuldades com as nossas, mostrando-nos tão imperfeitos quanto eles, aumentará a inteligência emocional como um todo na família; por isso é tão importante manter-se ativo em busca de conhecimento e não fechado, crendo que só no passado está a solução.

Como mencionei, os adultos também passam por momentos de *birra*. Como você reagiria se, chegando ao aeroporto, descobrisse que seu cônjuge esqueceu o passaporte em casa e, por causa disso, não embarcarão no avião para fazer essa viagem dos sonhos que estiveram planejando por meses? Mesmo sabendo que podem juntar dinheiro e fazer a mesma viagem em outro momento, pode acontecer de sua frustração ser tão grande, que você vivencie um episódio de *birra*.

Então, a imaturidade cerebral e a inexperiência de vida das crianças fazem com que vivam momentos de descontrole emocional de forma muito forte e com maior frequência. Isto também tem a ver com o fato delas não entenderem se poderão tomar, amanhã ou daqui alguns dias, o sorvete que tanto queriam, porque nossa noção de temporalidade demora muito para ser desenvolvida. Quando nos despedimos de uma criança de 2 anos, por exemplo, ela pode pensar que nunca mais vai nos ver, sentindo-se tão desamparada ao ponto de se jogar no chão e começar a espernear.

Conceito de temporalidade (idades aproximadas):

- 🕐 Reconhecer um dia da semana: 4 anos
- 🕐 Identificar manhã, tarde e noite: 5 anos
- 🕐 Indicar o dia da semana: 6 anos
- 🕐 Indicar o mês: 7 anos
- 🕐 Indicar o ano: 8 anos
- 🕐 Indicar o dia do mês: 8-9 anos
- 🕐 Avaliar a duração de uma conversa: 12 anos
- 🕐 Indicar a hora, com uma aproximação de 20 minutos: 12 anos

Também faz parte da educação emocional ajudar a criança a descobrir o que a acalma quando fica brava. Em momentos aleatórios, podemos pedir que cheire uma florzinha e sopre uma velinha imaginárias; logo, lembrá-la de fazer o mesmo quando estiver nervosa. Assim que comece a ficar irritada, podemos cantar ou tocar uma música que ela goste para ver se isso a tranquiliza, ou, se ela estiver no meio de um episódio de birra, ficar só sentados em silêncio a seu lado, fazendo a contenção de seu corpo se ela estiver se machucando ou machucando outra pessoa. Neste caso, devemos esperar até que ela saia do momento de birra para começar a conversar sobre os motivos que a levaram a agir desta maneira. Querer brigar com alguém que passa pelo *sequestro da amigdala* é como tentar apagar um incêndio jogando gasolina.

Maneiras de acalmar-se durante um momento de ira:

- Cantar, dançar, ouvir música;
- Respirar profundamente;
- Contar até 10 (devolve o controle ao cérebro racional);
- Tomar água;
- Desenhar ou escrever sobre os sentimentos;
- Ficar um pouco sozinho (por vontade própria, não por imposição);
- Apertar uma bolinha ou amassar uma massinha;
- Descrever verbalmente o que se sente.

Este último item é muito poderoso para ajudar a nós mesmos e a nossos filhos a treinar o cérebro na prevenção de birras; porque quando explicamos, sem medo, o processo exato das nossas emoções, sentimos alívio e aprendemos mais sobre nós mesmos:

- ☹ Chorei porque fiquei com vergonha de você ter me visto dançar.
- ☹ Te xinguei porque sua resposta me fez sentir como se eu fosse burro.
- ☹ Quando você grita tenho vontade de me afastar.
- ☹ Quebrei aquilo porque senti raiva de você.
- ☹ Fico frustrado quando você não me escuta.

Por consequência, quanto mais vocabulário ensinarmos para nossos filhos, encorajando-os a identificar e expressar cada emoção, mais assertiva será a comunicação entre todos. Eles carregarão essa habilidade pelo resto da vida, construindo pontes emocionais com os demais, sabendo fazer acordos, analisando situações com domínio de suas emoções e levando, acima de tudo, pessoas a conhecerem a sabedoria e a misericórdia do Pai.

> (Provérbios 28:13 ARC) *O que encobre as suas transgressões nunca prosperará; mas o que as confessa e deixa alcançará misericórdia.*
>
> (Tiago 5:16 ARC) *Confessai as vossas culpas uns aos outros e orai uns pelos outros, para que sareis; a oração feita por um justo pode muito em seus efeitos.*

 A Vara

Se você chegou até aqui, tendo iniciado sua leitura desde o começo do livro, certamente este capítulo será como um reforço de tudo o que já ficou muito claro em sua cabeça: o amor, a ciência, o passado, a sabedoria...

Não há volta, a violência não fará mais parte da maneira como você educa seus filhos e isso é maravilhoso. Ainda assim, pode ser que os famosos versículos sobre a vara, que causam tanta controvérsia no meio cristão, o deixam um pouco confuso e você precisa entendê-los de uma vez por todas para ajudar outros a tirarem as vendas dos olhos, então continue comigo nesta jornada.

Agora, se você decidiu começar sua leitura por este capítulo, peço a Deus que o guie, abra seu entendimento e o encoraje a, no final, voltar ao começo do livro para ler cada um dos demais capítulos.

> (Provérbios 23:13-14 ARA) *Não retires da **criança** a disciplina, pois, se a fustigares com a vara, não morrerá. Tu a fustigarás com a vara e livrarás a sua alma do inferno.*

Destaquei a palavra *criança* no versículo anterior porque a usada no original em hebreu foi **na'ar**, e, a má tradução desta, inicia toda a confusão sobre a educação infantil com base nas Escrituras. A palavra *na'ar* foi traduzida como *filho*, *criança*, *menino* ou *rapaz* em alguns versículos importantes do livro de Provérbios de diferentes versões da Bíblia, mas, na verdade, significa *jovem adolescente*. Samuel Martin, quem esteve várias vezes em Jerusalém durante sua infância e mora lá de forma permanente desde 2001, com sua esposa israelita e suas duas filhas, escreveu o livro *Thy Rod And Thy Staff They Comfort Me – Christians and the Spanking Controversy*, que em tradução livre seria *Sua Vara e Seu Cajado me Confortam - Os Cristãos e a Controvérsia da Palmada*. Neste livro, Martin aborda a problemática de que no hebreu há 9 diferentes palavras para referir-se a um filho:

- ✡ Uma universal, que não faz referência a uma idade específica (como a própria palavra *filho* em português);

- ✡ Uma para bebês em geral;

- ✡ Uma específica para bebês amamentados;

- ✡ Uma para bebês desmamados;

- ✡ Uma para crianças pequenas entre 4 e 6 anos;

- ✡ Uma para pré-adolescentes;

- ✡ Uma para adolescentes;

- ✡ Uma para jovens virgens;

- ✡ Uma para jovens guerreiros em fase de casar-se.

Ele também explica que o livro de Provérbios não menciona bebês, crianças ou meninas em seus conselhos; ao contrário, sempre se refere a jovens adolescentes do sexo masculino, jovens do sexo masculino em fase de casar-se, ou adultos do sexo masculino. Vejamos os seguintes versículos usando a palavra correta do original em hebreu:

> (Provérbios 23:13-14 ARA) *Não retires do **na'ar** (adolescente) a disciplina, pois, se o fustigares com a vara, não morrerá. Tu o fustigarás com a vara e livrarás a sua alma do inferno.*
>
> (Provérbios 29:15 ARC) *A vara e a repreensão dão sabedoria, mas o **na'ar** (adolescente) entregue a si mesmo envergonha a sua mãe.*
>
> (Provérbios 22:15 ARC) *A estultícia está ligada ao coração do **na'ar** (adolescente), mas a vara da correção a afugentará dele.*

> (Provérbios 13:24 ARA) *O que retém a vara aborrece a seu* ***na'ar*** (adolescente), *mas o que o ama, cedo, o disciplina.*
>
> (Provérbios 19:18 NAA) *Corrija a seu* ***na'ar*** (adolescente), *enquanto há esperança, mas não se exceda a ponto de matá-lo.*

Quer dizer que não devo bater no meu filho pequeno, mas sim no meu adolescente? Não! Vejamos outro problema de tradução. Graças a Deus, a Martinho Lutero e às outras pessoas que se empenharam em traduzir a Bíblia para que qualquer um pudesse ter acesso a Seus ensinamentos, hoje podemos encontrar a Palavra em cerca de 3.400 idiomas; mas, se já é difícil garantir que uma mensagem chegue fiel até o final numa brincadeira de telefone sem fio, imagine em mais de 3.400 idiomas, com pelo menos 5 versões para cada um, levando em conta que quem traduz é um ser humano que, inevitavelmente, coloca um pouco de sua própria interpretação e emoção no momento de fazê-lo?

Isto de maneira nenhuma invalida a Bíblia, mas nos leva a entender a importância do culto racional, de lê-la buscando a lógica de Deus de forma integral, e de não nos limitarmos a que só 8 ou 10 versículos são suficientes para definir a maneira como devemos educar nossos filhos, que são a herança do Senhor para nossas vidas. Mais ainda quando se trata do livro de Provérbios, este tão importante e de grande valor, mas que, em sua maioria, apresenta fragmentos de conselhos de sabedoria e frases soltas; muitas vezes, com pouca ou nenhuma conexão entre um versículo e outro. O interessante é que o próprio livro nos instrui a buscar a sabedoria em uma multidão de conselheiros e a não nos fecharmos com apenas uma perspectiva.

(Provérbios 1:1-7 ARC) *Provérbios de Salomão, filho de Davi, rei de Israel. Para se conhecer a sabedoria e a instrução; para se entenderem as palavras da prudência; para se receber a instrução do entendimento, a justiça, o juízo e a equidade; para dar aos simples prudência, e aos jovens conhecimento e bom siso; para o sábio ouvir e crescer em sabedoria, e o instruído adquirir sábios conselhos; para entender provérbios e sua interpretação, como também as palavras dos sábios e suas adivinhações.*

(Provérbios 11:14 ARC) *Não havendo sábia direção, o povo cai, mas, na multidão de conselheiros, há segurança.*

De fato, podemos surpreender-nos ao ver a variedade de traduções de palavras na Bíblia que mudam bastante o significado das frases entre um idioma e outro, e entre uma versão e outra. Em meus estudos, procuro ler ao menos duas versões em português, duas em espanhol e duas em inglês para tentar compreender com profundidade a mensagem que Deus quer transmitir, considerando não apenas um versículo solto, mas todo o capítulo do qual ele faz parte e o contexto histórico por trás deste. No espanhol, por exemplo, suas diferentes versões mencionam muito mais o termo *castigo* que em português e em inglês, já que, ao invés dele, nestes dois idiomas as palavras mais usadas são: correção, disciplina e repreensão; as quais nada tem a ver com um castigo físico. Falemos sobre cada uma delas:

- **Corrigir.** Tornar melhor, mais correto (de maneira nenhuma significa bater).

- **Repreender.** Alertar firmemente com a voz, advertir energicamente (de maneira nenhuma significa bater).

- **Disciplinar.** Deriva do latim *discipulus*; é o ato do professor ou mestre que faz discípulos, instruindo sobre um ensinamento, um princípio, uma doutrina ou uma ciência (de maneira nenhuma significa bater).

Assim, percebemos que alguns dos que traduziram a Bíblia tinham certa inclinação por intimidar as pessoas através do castigo, com a intenção de criar na mente de quem lê a imagem de um Deus, com frequência, bravo, frio e disposto a enviar um raio na cabeça de qualquer um que o desafie; isto é compreensível por causa da natureza humana ainda mais violenta que fazia parte do contexto da época das primeiras traduções.

À vista disso, já me perguntaram: *então qual versão devo utilizar para ler a Bíblia?* A resposta é: leia mais de uma versão, sempre tendo em conta o propósito da criação que expliquei no capítulo *O Que é a Ciência?*. Vejamos este exemplo de como uma simples palavra muda muito o significado de um versículo:

> *Versão Almeida Revista e Corrigida:* (Apocalipse 3:19 ARC) *Eu repreendo e **castigo** a todos quantos amo; sê, pois, zeloso e arrepende-te.*
>
> *Versão Almeida Revista e Atualizada:* (Apocalipse 3:19 ARA) *Eu repreendo e **disciplino** a quantos amo. Sê, pois, zeloso e arrepende-te.*

Como indiquei no capítulo *O Castigo*, faz sentido que, nas diferentes épocas em que a Bíblia foi escrita, a ferramenta mais conhecida para estabelecer certas regras para o humano menos intelectualizado, com menos ciência/educação, fosse o castigo físico, pois o ambiente mundial era muito hostil. Existia a Lei mosaica, que permitia apedrejar os pecadores, mas isto não significa que a violência seja a melhor ou única maneira de corrigir alguém, menos que seja a forma como Deus planejou que a humanidade deveria ser disciplinada. Precisamente, para aumentar nosso conhecimento e ensinar-nos o verdadeiro método libertador de corrigir e salvar ao ser humano — que é com as escolhas racionais —, é que houve a necessidade de que Jesus viesse caminhar conosco e morrer por nós.

> (João 3:17-21 ARC) *Porque Deus enviou o seu Filho ao mundo não para que condenasse o mundo, mas para que o mundo fosse salvo por ele. Quem crê nele não é condenado; mas quem não crê já está condenado, porquanto não crê no nome do unigênito Filho de Deus. E a condenação é esta: Que a luz veio ao mundo, e os homens amaram mais as trevas do que a luz, porque as suas obras eram más. Porque todo aquele que faz o mal aborrece a luz e não vem para a luz para que as suas obras não sejam reprovadas. Mas quem pratica a verdade vem para a luz, a fim de que as suas obras sejam manifestas, porque são feitas em Deus.*

Muitos pais pensam que seus filhos devem temer-lhes, porque sentem que sua autoridade paterna ou materna deve basear-se em julgamentos e condenações como: *se você fizer o que eu acho justo, te darei um prêmio; mas se você fizer o que eu julgo ser errado, sofrerá uma pena dolorosa.* Assim atuavam os religiosos da época de Jesus; pensavam que o deus castigador que eles tinham na mente viria para destruir todos os que eles julgavam pecadores; mas, para surpresa geral, Jesus mostrou o tamanho da misericórdia de Deus ao abolir qualquer tipo de castigo físico humano nos desobedientes, levando Ele próprio em Seu corpo a pena dolorosa destes, e deixando claro que a condenação dos que escolhem não receber a misericórdia de Jesus é que vivam na escuridão, pela consequência de suas próprias escolhas sem sabedoria, não havendo mais pedradas, palmadas ou agressões aplicadas por terceiros.

No Antigo Testamento lemos:

> (Deuteronômio 17:5,7 ARC) ...*então, levarás o homem ou a mulher que fez este malefício às tuas portas, sim, o tal homem ou mulher, e os apedrejarás com pedras, até que morram. (...) A mão das testemunhas será primeiro contra ele, para matá-lo; e, depois, a mão de todo o povo; assim, tirarás o mal do meio de ti.*

Mas no Novo Testamento lemos:

> (João 8:7 ARC) *E, como insistissem, perguntando-lhe, endireitou-se e disse-lhes: Aquele que dentre vós está sem pecado seja o primeiro que atire pedra contra ela.*

Se Jesus se deu ao trabalho de poupar uma adúltera de sofrer o castigo físico por uma desobediência considerada grave, por que Deus o manteria para o corpo dos pequeninos? Será que as crianças e os adolescentes ficaram fora da Graça divina? Há *letras miúdas* no *contrato* do sacrifício de Jesus dizendo que os açoites levados por Ele não incluíam as palmadas, as varadas e os castigos dos nossos filhos? Aos adultos cristãos nos alegra que sejamos chamados filhos de Deus, que não sofrerão condenação pelos seus pecados, mas será que pensamos que nossos filhos não merecem viver essa mesma misericórdia? Será que nossa insistência em justificar com a Bíblia as palmadas na educação infantil não é apenas uma tentativa de nos sentirmos melhores ao descarregarmos nossa raiva em seus corpos?

Quando nos apegamos à suposta literalidade das palavras de alguns poucos versículos, para assim defender que é necessário bater nos filhos ao discipliná-los ou corrigi-los, ignoramos que toda Bíblia, de Gênesis ao Apocalipse, nos conta a jornada do ser humano que tem como último destino a misericórdia, a paz e a inteligência de Deus.

Tendo isso em mente, ao ler versículos como os 3 primeiros a continuação, rio com a alegria da certeza de que Deus colocou esse tipo de instrução na Bíblia para confundir aos que querem interpretar Sua Palavra apenas com a sabedoria humana: de forma simplista, fechada, literal e sem importar-se com a mensagem global que nos foi deixada. Se quiséssemos insistir em que ainda hoje é necessário aplicar palmadas ou varadas para tirar o pecado de uma criança, deveríamos então seguir cegamente estes versículos para que fôssemos coerentes com o desejo de fazer tudo à risca e não cair em hipocrisia. Ainda assim, seguindo tudo *ao pé da letra*, continuaríamos sendo falhos e incapazes de merecer o sacrifício de Jesus, porque todos pecamos.

> (Levítico 19:27 ARC) *Não cortareis o cabelo, arredondando os cantos da vossa cabeça, nem danificarás a ponta da tua barba.*
>
> (Deuteronômio 25:11-12 NAA) *Quando dois homens estiverem brigando, um contra o outro, e a mulher de um chegar para livrar o marido da mão daquele que o fere, e ela estender a mão, e o pegar pelo órgão genital, vocês devem cortar a mão dela; não olhem para ela com piedade.*
>
> (Levítico 19:19 NAA) *Guarde os meus estatutos. Não permita que os seus animais se ajuntem com os de espécie diversa. Não plante semente de duas espécies em seu campo, nem use roupa de dois tipos diferentes de tecido.*
>
> (Romanos 3:23-26 ARC) *...Porque todos pecaram e destituídos estão da glória de Deus, sendo justificados gratuitamente pela sua graça, pela redenção que há em Cristo Jesus, ao qual Deus propôs para propiciação pela fé no seu sangue, para demonstrar a sua justiça pela remissão dos pecados dantes cometidos, sob a paciência de Deus; para demonstração da sua justiça neste tempo*

> *presente, para que ele seja justo e justificador daquele que tem fé em Jesus.*

Uma vez recebi um comentário no Instagram dizendo que era absurdo querer comparar as leis mosaicas com os provérbios, porque estes são conselhos ainda válidos. Então pergunto: não são as leis superiores aos conselhos? Se o próprio castigo para machucar e matar os pecadores, estabelecido pelas leis entregues diretamente por Deus a Moisés, nos foi tirado por Jesus, o que se dirá de castigos que, supostamente, estão sugeridos em conselhos? E se os conselhos são superiores à Lei, que impõe um castigo ao ser descumprida, por que criar os filhos debaixo de leis e castigos, e não de conselhos? E o que dizer dos seguintes provérbios? Será que aqueles que seguem, sem questionar, o suposto conselho de dar varadas nos filhos, também aceitam receber varadas em si mesmos?

> (Provérbios 26:3 NVI) *O açoite é para o cavalo, o freio, para o jumento, e a vara, para as costas dos tolos.*
>
> (Provérbios 20:30 ARC) *Os vergões das feridas são a purificação dos maus, como também as pancadas que penetram até o mais íntimo do ventre.*

Note que estes versículos não mencionam crianças ou pessoas de uma idade específica, portanto, aplicam-se também a adultos. Como verdadeiros cristãos, reconhecemos que todos somos tolos, maus, desobedientes e pecadores em diversos momentos, mas não vemos igrejas chamando cada adulto na frente do púlpito para aplicar o castigo recomendado por estes Provérbios, nem vemos adultos pedindo de maneira proativa que outras pessoas lhes apliquem este tipo de *disciplina* ou *purificação,* para tirarem a maldade de suas vidas com pancadas que penetram até o mais íntimo do ventre.

Então, afinal, o que é a vara? Analisemos duas versões dos versículos mais utilizados no meio cristão para justificar os castigos físicos em crianças, com os quais comecei este capítulo do livro:

> *Versão Almeida Revista e Corrigida:* (Provérbios 23:13-14 ARC) *Não retires a disciplina do **adolescente (na'ar)**, porque, fustigando-o com a vara, nem por isso morrerá. Tu o fustigarás com a vara e livrarás a sua alma do inferno.*
>
> *Versão Almeida Revista e Atualizada:* (Provérbios 23:13-14 ARA) *Não retires do **adolescente (na'ar)** a disciplina, pois, se o fustigares com a vara, não morrerá. Tu o fustigarás com a vara e livrarás a sua alma do inferno.*

Na primeira versão, o tradutor acrescentou, por sua própria interpretação, as palavras *nem por isso*, com a intenção de dizer algo como: *ai, uma varadinha não mata ninguém,* mas se continuarmos lendo até o final, vemos que não foi essa a intenção de Deus. A continuação da leitura deixa claro que a mensagem chave desses versículos é que, *se fustigarmos o adolescente com a vara*, não morrerá a morte eterna; ou seja, livraremos sua alma do inferno, como nos mostra a segunda versão.

Sobre *livrar sua alma do inferno*, como humanos somos incapazes de fazer isso por qualquer pessoa, incluindo nossos filhos, porque a salvação é individual. Lendo toda a Palavra compreendemos que o que esse versículo quer dizer é que a sábia direção — correção, repreensão ou disciplina — dá prudência à criança e desvia-a de, mais adiante, tomar decisões que destruam sua vida.

Agora, *fustigar com a vara* não é sinônimo de causar dor. Se observamos um homem nas montanhas cuidando de seu rebanho, veremos que um bom pastor usa a vara *apenas* para dar toques suaves nas ovelhas, indicando o caminho que devem seguir. Que coisa tão grave e intencional uma ovelha poderia fazer para merecer que seu cuidador lhe desse pauladas com força? E se víssemos a cena de uma pessoa batendo numa ovelha com raiva até ela começar a gemer de dor, ou até mesmo sangrar, quem pensaríamos que é o errado da história? O adulto *racional* e *inteligente*, ou a ovelha que não sabe nem falar e só seguiu seu instinto de caminhar para onde a grama estava mais verde?

> (Salmos 6:1-2 ARC) *Senhor, não me repreendas na tua ira, nem me castigues no teu furor. Tem misericórdia de mim, Senhor, porque sou fraco.*

Dessa forma, *fustigar com a vara* é usar uma ferramenta para direcionar pelo caminho correto. Isto pode ser feito mudando o filho de um lugar para o outro quando está correndo perigo, puxando-o para perto quando se distancia, distraindo-o para que se afaste de algo que não pode mexer, falando com firmeza: *filho, o que você está fazendo machuca, vamos brincar de outra coisa*, ou tendo uma curta conversa quando tiver suficiente maturidade cerebral — mais ou menos a partir dos 5 anos — para explicar-lhe com sinceridade como nos sentimos quando ele faz algo que reflete um descontrole: *filho, me dá dor de cabeça quando você fala tão alto, vamos falar baixinho*; ou: *filho, tenho vontade de sair de perto quando você começa a espernear*.

Precisamos tirar da cabeça a associação de que a orientação das crianças é feita diante de um adulto bravo, porque da mesma maneira que uma criança frustrada se ira e começa a bater, morder e chutar, sem saber controlar suas emoções, o adulto comete o mesmo ato se não se educar para dominar seus sentimentos, tornando impossível conseguir uma atitude diferente de seus filhos — seus imitadores — e criando uma bola de neve de gerações e mais gerações que se comportam da mesma forma, esperando resultados diferentes.

A Vara

Jesus, Deus e o Espírito Santo não mudaram, mas nós seres humanos sim. Estamos aprendendo a viver em empatia e em graça dia após dia, indo em direção à paz e à comunicação, abandonando a violência e a obediência prestada pela dor, porque esta não é sincera e de nada serve.

> (Hebreus 13:8-9 ARC) *Jesus Cristo é o mesmo ontem, e hoje, e eternamente. Não vos deixeis levar em redor por doutrinas várias e estranhas, porque bom é que o coração se fortifique com graça e não com manjares, que de nada aproveitaram aos que a eles se entregaram.*
>
> (1 Coríntios 13:3 ARC) *E ainda que distribuísse toda a minha fortuna para sustento dos pobres, e ainda que entregasse o meu corpo para ser queimado, e não tivesse amor, nada disso me aproveitaria.*

A vara, então, é uma ferramenta que, antes de Jesus, podia ser algo físico — como as pedradas e as chicotadas —; mas que, depois d'Ele, tornou-se algo mais desafiador, porém de maior proveito, porque é racional, verdadeiro e sem medo, exigindo do ser humano conquistar e prestar a obediência pelo amor e com livre arbítrio. Deus nos mostra com clareza, na Bíblia, que a vara se refere a algo muito mais espiritual que físico, porque é uma palavra usada não somente nos versículos que falam sobre um suposto castigo, como vemos a seguir:

(Provérbios 14:3 ARC) *Na boca do tolo está a **vara da soberba**, mas os lábios do sábio preservá-lo-ão.*

★ Não existe um *pau da soberba*. A passagem diz que na boca do tolo está a ferramenta da soberba; ou seja, a língua, que, com soberba, produz palavras que machucam e destroem.

(Salmos 23:4 ARC) *Ainda que eu andasse pelo vale da sombra da morte, não temeria mal algum, porque tu estás comigo; a **tua vara** e o **teu cajado** me consolam.*

★ Já pensou estar no *fundo do poço*, andando no vale da sombra da morte e que, ainda por cima, Deus começasse a dar pauladas nas suas costas, chamando-o de tolo? Que deus seria esse? Não faz sentido nenhum a varada machucar e dar consolo; definitivamente, não é essa a mensagem. O capítulo finaliza no versículo 6 dizendo:

(Salmos 23:6 ARC) *Certamente que a bondade e a misericórdia me seguirão todos os dias da minha vida; e habitarei na Casa do Senhor por longos dias.*

★ Pois bem, a vara e o cajado, usados como metáfora, criam justo a imagem que mencionei alguns parágrafos atrás: a de um pastor amoroso e protetor com suas ovelhas, que usa ferramentas para ensiná-las no caminho correto e para consolá-las em momentos de aflição, livrando-as do mal com bondade e misericórdia, ainda que juntos tenham que passar por caminhos difíceis.

> (Levítico 19:35 ARC) *Não cometereis injustiça no juízo, nem na **vara**, nem no peso, nem na medida.*

★ Aqui a vara é a uma ferramenta de medir, como uma régua. A ordenança se aplica tanto física quanto intelectualmente, porque se refere a não usar ferramentas para enganar os outros ao fazer negócios — colocando, por exemplo, um taxímetro adulterado que cobra mais pela corrida do que deveria —, e a não aplicar consequências lógicas desproporcionais — mandando para a prisão perpétua, por exemplo, uma pessoa que roubou uma lata de leite em pó —. É importante considerar este significado porque, em diferentes versículos, o uso da vara é para medir algo, não para machucar com um pedaço de pau.

> (Salmos 89:30-32 ARC) *Se os seus filhos deixarem a minha lei e não andarem nos meus juízos, se profanarem os meus preceitos e não guardarem os meus mandamentos, então, visitarei com **vara** a sua transgressão, e a sua iniquidade, com **açoites**.*

★ Nestes versículos, a vara é a ferramenta de medição; quer dizer, Deus primeiro mede/julga a gravidade da transgressão e logo aplica os golpes para redirecionar o caminho; ou seja, aplica a ferramenta de correção — que antes de Jesus era algo físico em nosso corpo, mas que Ele o recebeu em Seu corpo em nosso lugar —.

(Provérbios 29:15 ARC) *A **vara** e a **repreensão** dão sabedoria, mas o **adolescente (na'ar)** entregue a si mesmo envergonha a sua mãe.*

★ De novo, não se trata de dar pauladas no adolescente. O que descreve o versículo é que um jovem sem um guia se desvia do caminho; mas a vara, ou seja, a ferramenta de condução, e a correção do bom pastor, vão dar-lhe educação e sabedoria.

(Provérbios 22:15 ARC) *A estultícia está ligada ao coração do **adolescente (na'ar)**, mas a **vara da correção** a afugentará dele.*

★ A ferramenta de correção, ou seja, o método usado para corrigir o adolescente — que não significa castigo físico —, fará com que a tolice se afaste dele.

(1 Coríntios 4:21 ARC) *Que quereis? Irei ter convosco com **vara** ou com amor e espírito de mansidão?*

★ Com certeza Paulo não estava ameaçando ir à igreja de Coríntios com um pedaço de pau para bater em todo mundo. Neste capítulo, ele aponta a falta de humildade de apóstolos e lideranças da igreja, fazendo uma pergunta retórica para dar-lhes a opção de voltarem a ser humildes e, com isso, receberem amor e espírito de mansidão; ou de permanecerem com a atitude soberba e, portanto, serem medidos e repreendidos para voltarem ao caminho que deveriam seguir.

> (Zacarias 11:7 ARC) *E eu apascentei as ovelhas da matança, as pobres ovelhas do rebanho; e tomei para mim duas **varas**: a uma chamei **Suavidade**, e à outra chamei **Laços**; e apascentei as ovelhas.*

★ Todo este capítulo é uma profecia sobre líderes, pais, pastores e sacerdotes insensatos e sem piedade que matam a fé das pessoas; também sobre a primeira vinda de Jesus, e sobre a rejeição que sofreria por parte dos religiosos. Neste versículo, em particular, Deus por fim revela quais são as varas que utiliza para conduzir, disciplinar e corrigir seus filhos; elas são exatamente as mesmas que Ele entregou a nós — pais — para direcionar, disciplinar e corrigir os nossos, sendo elas a *Suavidade* (misericórdia) e o *Laço* (união, fraternidade, vínculo).

De uma vez por todas, devemos parar de crer que o único significado para a palavra *vara* na Bíblia é um pau que serve para castigar os desobedientes. No México — e imagino que em outros países também —, algumas igrejas estão tão confusas com a interpretação dessa palavra, que chegam ao extremo de vender pedaços de madeira com versículos impressos, fora de contexto, para motivar os pais a aplicarem pauladas no corpo de seus bebês, crianças e adolescentes. Ainda por cima, existem os que ousam chamar esse objeto de *varinha do amor*, como se Jesus pudesse ter dito: *por favor, atirem somente as pedrinhas do amor para corrigir a adúltera*. Não há coerência nisto.

Nos versículos a seguir, vemos a insistência de Jesus ao fazer com que Pedro relacionasse seu amor por Ele com o que deveria empregar para apascentar o rebanho de Deus. Ele não lhe pediu que julgasse, condenasse ou batesse nas ovelhas, só que as guiasse. Também não disse: *apascenta as TUAS ovelhas*, ao contrário, deixou claro que as ovelhas são Dele. A paternidade e a maternidade para com nossos filhos devem ser como o pastoreio misericordioso de Deus para conosco, Seus filhos, e isto de maneira nenhuma nos permite machucar as crianças, porque elas nem ao menos nos pertencem, antes, pertencem a Deus.

> (João 21:15-17 ARC) *E, depois de terem jantado, disse Jesus a Simão Pedro: Simão, filho de Jonas, amas-me mais*

> *do que estes? E ele respondeu: Sim, Senhor; tu sabes que te amo. Disse-lhe: Apascenta os meus cordeiros. Tornou a dizer-lhe segunda vez: Simão, filho de Jonas, amas-me? Disse-lhe: Sim, Senhor; tu sabes que te amo. Disse-lhe: Apascenta as minhas ovelhas. Disse-lhe terceira vez: Simão, filho de Jonas, amas-me? Simão entristeceu-se por lhe ter dito terceira vez: Amas-me? E disse-lhe: Senhor, tu sabes tudo; tu sabes que eu te amo. Jesus disse-lhe: Apascenta as minhas ovelhas.*

Quando nos sentimos no direito de impor uma pena sobre nossos filhos — que, como repeti várias vezes neste livro, são antes de tudo nossos irmãos em Cristo —, ao invés de cumprir nosso dever de instruí-los, estamos, na verdade, aplicando juízo, vingança e ira que não nos diz respeito; chamando também de volta o juízo, a vingança e a ira sobre nossa própria vida. É um erro pensar que conseguiremos tirar a desobediência da criança com uma *palmadinha* ou uma *palmadona*, com uma *varadinha* ou uma *varadona*, com uma pedrinha ou uma pedrona, porque nossa luta não é contra a carne, nem sequer a dos nossos filhos. Nossa luta é contra o egoísmo primitivo e a soberba que cada um de nós tem dentro de si, que nos leva a cometer maldades contra o próximo e contra nós mesmos; ou seja, a pecar.

> (Hebreus 10:30 ARC) *Porque bem conhecemos aquele que disse: Minha é a vingança, eu darei a recompensa, diz o Senhor. E outra vez: O Senhor julgará o seu povo.*
>
> (Mateus 7:1-2 ARC) *Não julgueis, para que não sejais julgados, porque com o juízo com que julgardes sereis julgados, e com a medida com que tiverdes medido vos hão de medir a vós.*
>
> (Romanos 2:5-8 ARC) *Mas, segundo a tua dureza e coração impenitente, acumulas contra ti mesmo ira para o dia da ira e da revelação do justo juízo de Deus, que retribuirá a cada um segundo o seu procedimento: a vida eterna aos que, perseverando em fazer o bem, procuram glória, honra e incorruptibilidade; mas ira e indignação aos facciosos, que desobedecem à verdade e obedecem à injustiça.*
>
> (Efésios 6:12 ARC) *...porque não temos que lutar contra carne e sangue, mas, sim, contra os principados, contra as potestades, contra os príncipes das trevas deste século, contra as hostes espirituais da maldade, nos lugares celestiais.*

Graças a Deus, hoje, a neurologia, a psicologia e a tecnologia — em resumo, a ciência — nos proporcionam melhores *varas* (ferramentas) para educar as crianças no caminho que devem andar, com o máximo de respeito; inclusive, demonstram-nos o dano que podemos causar na construção do caráter dos nossos filhos, pelo uso de violência física e verbal. Da mesma forma, se tivemos pais que usaram ambas violências na nossa infância — porque não tiveram a oportunidade que temos hoje de, com algumas horas navegando na internet, aprender a educar com paciência e empatia —, temos agora suficiente conhecimento para buscar desvencilharmo-nos do dano causado em nosso próprio caráter, assumindo a responsabilidade de viver as consequências das nossas próprias escolhas, sem pensar que por culpa dos nossos pais terem *comido uvas verdes*, nossos dentes é que se *embotarão* — ficarão fracos —. Isto é libertador tanto do ponto de vista como pais quanto do ponto de vista como filhos.

> (Jeremias 31:29-30 NVI) *Naqueles dias não se dirá mais: Os pais comeram uvas verdes, e os dentes dos filhos se embotaram. Ao contrário, cada um morrerá por causa do seu próprio pecado. Os dentes de todo aquele que comer uvas verdes se embotarão.*

Uma das grandes promessas anunciadas na Bíblia, sobre a primeira vinda de Jesus, foi acabar com a autoridade, a paternidade e a maternidade soberbas e perversas, restaurando assim as famílias e unindo novamente o coração de pais e filhos para sentirem empatia uns pelos outros; pois é nas crianças que está a esperança para diminuir a violência na Terra, disciplinando na graça os corações humildes que estarão prontos para a volta do Salvador e para o justo juízo do Senhor.

A Bíblia não é um livro escrito para adultos, com alguns poucos conselhos destinados à educação dos nossos filhos. A Bíblia é um livro inteiro escrito por um Pai sábio e misericordioso, que ensina seus filhos inexperientes a serem pais sábios e misericordiosos para outros filhos, ainda mais inexperientes que eles.

> (Malaquias 4:5-6 ARC) *Eis que eu vos envio o profeta Elias, antes que venha o dia grande e terrível do Senhor; e converterá o coração dos pais aos filhos e o coração dos filhos a seus pais; para que eu não venha e fira a terra com maldição.*

Bom, caso ainda não tenha feito, convido-o agora a ler os capítulos anteriores deste livro, mas se este é o fim da sua leitura, então o encorajo a prosseguir com os demais livros da série Shalom Pompom; neles há dicas práticas de como lidar, de maneira respeitosa, com os desafios de cada uma das etapas do desenvolvimento infantil, sendo elas: a *primitiva*, a *egoísta* e a *empática*. Deus o abençoe e derrame imensa sabedoria, para que juntos possamos aumentar a rede de pais, pastores, padres, apóstolos, professores e outros profissionais comprometidos em lutar por uma educação que traga paz, luz e verdade à humanidade. Em nome de Jesus!

> (Salmos 37:8-9 ARC) *Deixa a ira e abandona o furor; não te indignes para fazer o mal. Porque os malfeitores serão desarraigados; mas aqueles que esperam no Senhor herdarão a terra.*

VIOLENTÔMETRO
...Sim, a violência também se mede

Cuidado!
A violência aumentará

- Fazer piadas ofensivas
- Chantagear
- Mentir e enganar
- Ignorar, dar um gelo
- Ciumar
- Culpar
- Desqualificar
- Ridicularizar
- Ofender, gritar
- Humilhar em público
- Intimidar, ameaçar
- Controlar, dominar
- Destruir objetos pessoais
- Apertar com raiva
- Forçar contato físico ou carinho
- Beliscar, arranhar
- Empurrar, chacoalhar
- Dar palmadas
- Dar tapa na cara
- Chutar
- Confinar, isolar
- Bater ou ameaçar com objetos
- Ameaçar de morte
- Abusar sexualmente
- Mutilar
- Assassinar

Reaja!
Sua família se destrói

Você precisa de ajuda profissional!

  @shalom.pompom

Epílogo

Apesar de que esta linha teológica possa parecer muito nova, está, na verdade, fundamentada tanto no próprio comportamento de Cristo, demonstrado na Bíblia, quanto em estudos científicos existentes desde já faz muitos anos, aos quais hoje se tem mais acesso devido ao avanço na forma como compartilharmos informação, em especial, via internet.

Agora que você tem a base teórica e teológica para disciplinar na Graça, convido-o a buscar e ler a série completa de livros do *Shalom Pompom*. Neles, você encontrará exemplos de situações que pode enfrentar em cada etapa de desenvolvimento dos seus filhos — primitiva, egoísta e empática —, bem como conselhos práticos para ajudá-lo a lidar com elas.

Ainda que seria impossível listar todos os desafios que existem na educação das crianças, o objetivo final é que, ao ver as opções para sair de distintos problemas, você encontre a lógica por trás do método e se torne mais independente para aplicá-lo em qualquer situação.

Assim, a Bíblia nos mostra que a principal tarefa que Jesus teve, ao andar como homem, foi ensinar e, para completar esse difícil trabalho, utilizou o tempo todo a inteligência, não só lógica, mas, acima de tudo, emocional. Esta é a sabedoria e é tal qual o que necessitamos quando, ao receber a benção de sermos pais, nos é dado o *bastão* do ensinamento.

FB: /shalom.pompom
IG: @shalom.pompom_br
www.shalompompom.com

www.ingramcontent.com/pod-product-compliance
Lightning Source LLC
Chambersburg PA
CBHW032022230426
43671CB00005B/174